井伊直虎 聖水の守護者

童門冬二

成美文庫

井伊共保出生の井戸（浜松市）

1560年～1583年頃
直虎関連地図
信濃
上田城
深志城（松本城）
諏訪湖
千曲川
伊那
武蔵
武田氏館
甲斐
相模川
富士山
小田原城
駿河
富士川
遠江
今川館（駿府城）
井伊谷城
島田
伊豆
二俣城
三方ヶ原
掛川城
大井川
横須賀城
高天神城
天竜川
引（曳）馬城（浜松城）

加賀
飛騨
北ノ庄城
一乗谷城
越前
美濃
関ヶ原
近江小谷城
若狭
長浜城
大垣城
岐阜城
犬山城
小牧
彦根城（1603年）
安土城
清洲城
長久手
矢作川
寺部城
京都
近江
大高城
桶狭間
三河
尾張
長篠
岡崎城
長篠城
伊賀
吉田城
浜名
松坂城
大和
伊勢

井伊直虎　聖水の守護者

●目次●

「関ヶ原合戦図屏風」所収
（関ヶ原町歴史民俗資料館蔵）

井伊共保出生の井戸（浜松市）

●編集協力
有限会社リゲル社
●スポット・史跡探訪
服部崇
●図版製作
オフィス・ストラーダ（道倉健二郎）
●写真・取材協力
龍潭寺・浜松市教育委員会・浜松市役所・東京大学史料編纂所・徳川美術館・福井県立歴史博物館・彦根城博物館・小田原市立図書館・岐阜市役所・滋賀県教育委員会・関ヶ原町歴史民俗資料館・信松院・石田多加幸・中田眞澄・松井久・服部崇

一、井伊家に起こる悲劇

悲運の許嫁

井伊直虎《いいなおとら》にとって、天正十（一五八二）年は、忘れることのできない年であった。三月に、織田信長《おだのぶなが》と徳川家康《とくがわいえやす》の連合軍が、信濃《しなの》（長野県）から甲斐《かい》（山梨県）に入り、信玄《しんげん》の子武田勝頼《たけだかつより》を滅ぼした。武田家は滅びた。そしてその信長が六月には家臣の明智光秀《あけちみつひで》によって殺された。

その頃備中《びっちゅう》（岡山県）高松《たかまつ》城を攻略していた秀吉《ひでよし》は即刻Uターンして上方に戻り、明智光秀を殺した。織田家の諸将は、清洲《きよす》城に集まって信長の後継者や、信長の財産配分の会議を行った（清州会議）。結果、信長の跡は長子信忠《のぶただ》の子秀信《ひでのぶ》（三法師《さんぽうし》）が継ぐことになった。

「相続にはあくまでも長子制によるべきである」という秀吉の主張が通ったのだ。しかしこの会議は問題を残し、織田信長の子供たちもそれぞれ織田家の重臣と組んで分裂した。秀吉はその調整のための武闘を行い、強力な対立者である柴田勝家《しばたかついえ》を賤ヶ岳に破った。かれはすでに天下人を意識していたから、大坂に巨大な城を築きそこを拠点とした。対立者柴田勝家は拠点である北ノ庄《きたしょう》（福井県）で秀吉に攻められついに自殺した。この直前に、勝家に味方していた前田利家《まえだとしいえ》が秀吉に下り、秀吉を北ノ庄城に案内した。

直虎は女性である。戦国でも珍しい女城主と言われた。しかし、このときには、彼女はすでに仏門に入っていたので、城に住んだわけではない。井伊家とは縁の深い、龍潭寺《りょうたんじ》に身を置いていた。

この年十一月には、徳川家康の助力によって、息子同然に愛情を持って扱って来た万千代《まんちよ》が元服することになっている。直虎にとってこんな嬉しいことはない。

（これでようやく肩の荷が下りる。役目が果たせた）

という満足感が体の底から湧《わ》いていた。そして、この年（天正十年）八月に、直虎は死ぬ。元服する万千代は「直政《なおまさ》」と改名して井伊家の当主になる予定だ。それを見ずにあの世へ旅立つのは少し心残りだったが、万千代をそこまで育てて来た苦労の道筋を思い返すと、逆に直虎は、

（そろそろ、この世の苦労をお終《しま》いにしてほしい）

と思っていたから、満足感がそれによって削《そ》がれるということはなかった。直虎にす

れば、あの世へ逝く事が、

「この世の苦労から解放されて、永い眠りにつく」

ということでもあった。永い眠りとは、「二度と目覚めない眠り」のことである。

正直に言って直虎は、休みたかった。心身ともに、苦難の山河を越えて来た彼女にとって、今までは休む暇もない緊張の連続だった。途中で、一人悲鳴をあげたこともある。呻《うめ》いたこともある。あるいは、誰かを傷つけたことによって自己嫌悪におちいり、七転八倒したこともある。

「ホトケはおいでにならないのか」と呻いたこともある。が、そういう苦難の山河を乗り切って、今はひたすらに浄土《じょうど》への道を歩むという境地に立った時、直虎は言うに言えない安堵《あんど》感を覚えた。その安堵感の手ごたえの確かさに、今は本当に心の安らぎを覚えている。

死ぬ少し前に、万千代が、

「母上、それでは行って参ります」

と旅立ちの挨拶に来た。元服は徳川家康のもとで行われる。

そのころ家康は浜松《はままつ》城（静岡県）にいた。直虎が暮す龍潭寺は浜名湖《はまなこ》の北方井伊谷《いいのや》にあった。ここから陸路を辿《たど》れば、いわゆる〝姫街道《ひめかいどう》〟（女性用の安全で歩きやすい道）

龍潭寺（静岡県浜松市）

と呼ばれる、東海道の別道を辿って浜松に行くか、あるいは浜名湖を船で辿って行くかする。

直虎は井伊直盛《なおもり》を父とし、祐椿尼《ゆうしゅんに》を母として生まれた。一人娘である。祐椿尼の父は新野親矩《にいのちかのり》と言った。今川《いまがわ》家の武将である。直虎の許嫁は、父直盛の叔父にあたる井伊直満《なおみつ》の息子で井伊直親《なおちか》といった。婚約が定まっていながら、直虎が直親の妻になれなかったのは、井伊家全体に次々と不幸な事件が起こったからである。それも、内部の争いで、重役群の讒言《ざんげん》によって、つぎつぎと井伊家の一族が今川家によって誅殺されたり、自決を求められたりしたからである。

その発端は、やはり直虎の婿に、井伊直

満の息子直親（当時亀之丞《かめのじょう》）を迎えるということにあったようだ。というのは、井伊家の当主である直盛の家老小野道高《おのみちたか》は、直満と普段から仲が良くなかった。したがって、

（直満殿の息子を井伊家の当主にすることは承服できない）

と考えた。そこで小野は、今川家の当主である義元《よしもと》に、

「井伊直義《なおよし》と直満兄弟は、徳川家康（当時松平元康《まつだいらもとやす》）と通じて、今川家に害を及ぼそうとしております」と訴え出た。もちろん火の無いところに立った煙であって根拠はない。しかしこれにも裏があって、小野がこういう讒言をしたのには、逆に、

「井伊兄弟が自分のことを今川家に讒言したからだ」

と主張している。井伊兄弟が小野を讒言したというのは、

「小野は密かに武田軍と事を構えている」というものだった。

これが問題になったというのは、武田家の当主であった信虎《のぶとら》（信玄の父）が、子の信玄に追放されて、その身を今川家が預かっていたからである。これによって、今川義元は、

「当面、今川家は武田家と和を保つことが出来る」

と考えていた。いってみれば信虎を人質にするということだ。だからにもかかわらず、家臣筋の井伊家の家老が、その武田家と事を構えるということは、せっかく結んだ武田

家との和が壊される。そして武田家との和が、今も不安定で累卵《るいらん》の危うい状態にあるというのに、今そんなことをされればたちまち武田の軍勢が今川へ攻め寄せるという懸念があったからだ。

今川義元は小野の讒言を信じた。そこで、井伊直義と直満（直親の父）を誅殺してしまったのである。

戦国時代というのは正に、

「足の引っ張り合いの時代」

であって、こういうちょっとした讒言がそのまま相手に信じられ、大事件を起こしてしまう。小野の讒言が果たして真実であったのか、それとも小野の疑った井伊兄弟の讒言が真実であったのかは、最早《もはや》遠い時間のトンネルのかなたにある事なので確かめようがない。ただこういうちょっとした疑心が大問題を起こすいわゆる、「疑心暗鬼」の心理が、戦国武将の日常を大きく支配していたことは事実だ。この事件は天文十三（一五四四）年の事であった。

そして事件は井伊兄弟の誅殺だけに終わらなかった。直満の子亀之丞にまで及んだ。この時亀之丞は十歳であった。父が謀反人《むほんにん》だからその連累で、この亀之丞にも及んだ。追っ手に迫られた亀之丞は、家老の今村正実《いまむらまさざね》に救われ、その背に負われて信州《しんしゅう》（長野県）

の松源寺《しょうげんじ》という寺に匿《かくま》われることになった。

この逃亡助成には、井伊一族で龍潭寺に僧籍を置いていた南渓端聞《なんけいたんぶん》の力が与かって大きかったと言われている。南渓端聞は、直虎の父直盛の祖父にあたる直平《なおひら》の子で、井伊家を継いだ直宗《なおむね》の弟だった。

当時は、男の兄弟が多いと、必ず、その一人を僧にして、「本家に対する世間の批判を少なくする」ということと、殺傷に明け暮れる合戦から逃れることのできない、宗家一族の菩提を弔うという二つの意味があった。

なおこの南渓端聞は、直満の子亀之丞を信州へ逃しただけでなく、後にはその子虎松《とらまつ》を徳川家康に頼んで家臣にしてもらう仲介の労もとった。危機続きの井伊家にとっては、頼り甲斐のある存在だったのである。

亀之丞が信州へ落ちてしまったので、その許嫁だった直虎は未来の夫を失ってしまった。亀之丞は信州の松源寺でその後十年余りの月日を送る。そのために、直虎は、

「もう亀之丞様と夫婦になることはできない」

と悲観して、仏門に入ってしまった。龍潭寺で髪を剃《そ》り、尼になったのである。この悲劇はさらに続く。

というのは、天文二十三（一五五四）年に小野道高が病死した。そこで翌年の弘治元

直虎をめぐる井伊家 家系図（略図）

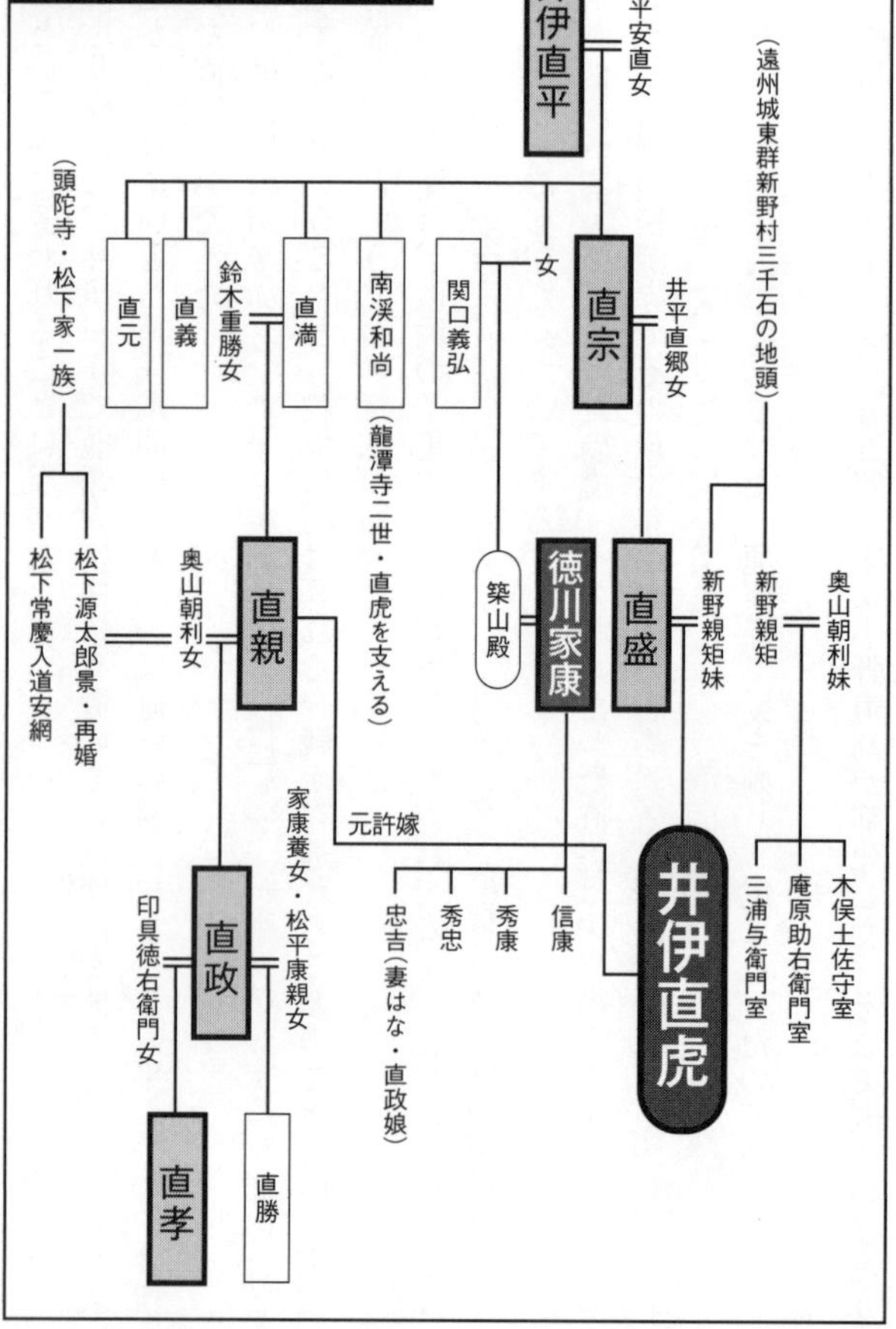

（一五五五）年に、ようやく亀之丞は井伊谷に戻って来た。これを喜んだ直虎の父直盛は、かねての約定通り亀之丞を養子にして、井伊家の相続人にする。この時、亀之丞は「直親《なおちか》」と改名する。

が、直虎にすれば今更還俗して直親の妻になるわけにはいかない。そのまま仏籍に身を置く暮らしを続けた。そのため直親は井伊一族である奥山朝利《おくやまともとし》の娘を妻に迎えた。直親とこの奥山の娘との間に生まれたのが一人息子の虎松であった。

それでは、なぜこんなややこしい仲であり、しかも悲劇の道を辿っていた直虎が、その直親の子虎松を養うことになったのだろうか。

桶狭間の衝撃

亀之丞が井伊谷に戻って、直盛の養子となり、井伊本家の次期相続者に指名された頃、駿河《するが》（静岡県）に本拠を置く今川家は義元が当主で、今川家にとっては全盛期であった。領国も、三河《みかわ》（愛知県東部）からさらに尾張《おわり》（愛知県西部）へ広げていた。

永禄三（一五六〇）年五月、今川義元は京都へ上る計画を立て、二万五千の大軍を率

駿府城（静岡県静岡市）

いて西上をはじめた。今川家は、足利《あしかが》家の分家で、吉良《きら》家と共に、

「足利本家に相続人が絶えた時は、宗家を継承できる資格」

を持っていた。この時の今川義元はおそらく下《げ》剋上《こくじょう》の犠牲になって、しばしば将軍そのものが家臣に殺されたり、あるいはそのポストを奪われている本家の現状を見ていて、歯噛《はが》みをしていたにちがいない。したがって、かれの西上は、

◎　崩壊しつつある足利本家の立て直し

◎　あるいはそのために、資格のある自分が本家に取って代わろうとする野望

のどちらかがあったに違いない。この時の今川軍の先鋒《せんぽう》を命ぜられたのが井伊直盛である。しかも、直盛はこの時、長年今川家の人質になっていた松平元康（徳川家康）と共に先鋒の任を負った。

松平元康も今川家に預けられてからすでに十余年の月日を経験していたので、三河国岡崎《おかざき》に本拠を置きつつも、半分は今川家の人間になっていた。幼年時代から慎重な家康は、もちろん、

「一日も早く岡崎に戻って独立したい」

という気持ちを持っていたが、今の状況ではすぐその望みは叶《かな》わない。かれはおそらく、

（しばらくは、今川義元の顔色を見ながら神妙に人質としての役割を果たそう。機会は必ずやって来る）

と考えていたに違いない。そしてそのためには、

「今川義元の機嫌を取るべき合戦があった際には、率先して手柄を立てよう」

とも思っていた。だからこの時は、井伊直盛と共に先鋒の先手の役を買って出たが、家康には別な任務が与えられていた。それは、今川家の最前線基地が尾張の大高城《おおだか》で、この城へ食料を補給することだった。大高城は現在の愛知県名古屋市緑区にある。周りを織田方の砦《とりで》（丸根《まるね》・鷲津《わしづ》）に囲まれ、さらに寺部《てらべ》城が織田家の前線基地でデンと構えていた。尾張国への侵攻の途次、元康は直盛に告げた。

「わしは、今川殿の指示でこれから大高城に食料を入れる。ご了承願いたい」

「承知仕った」

直盛は応じた。元康隊はここから別行動をとり、四百五十俵の米俵を車に積んで、大高城に入れるべく去って行った。元康は作戦を立て、大高城へ直接食料を入れるのではなく、その前に寺部城を攻撃した。不意の襲撃なので、織田方は驚いた。寺部城危うし！ の報を受けると、丸根・鷲津の両砦の織田方の兵も応援に走った。そのため丸根・鷲津の砦はほとんど空っぽになってしまった。この陽動作戦が成功したので、その隙を狙《ねら》って元康は急遽兵糧や武器を大高城に運び込んだ。

大高城の守将は鵜殿長照《うどのながてる》だったが、孤立していたのでしばしば、

「救援されたし。食料も補給されたし」

の要請を、今川義元のところに送り続けていたのである。その任を人質である松平元康が果たした。これは今川義元の意地の悪いやり方で、

「失敗しても、元康は人質なのだから今川家の損傷にはならない」

という計算をしていたに違いない。

桶狭間《おけはざま》の合戦については、すでに書き尽くされているので詳しくは書かないが、井伊直盛の動向についてだけ書いておきたい。

後発の今川本軍が井伊隊に追いつき、直盛は今川本軍に組み込まれた。尾張に入って

今川義元は全軍を二手に分けた。二万五千の大半は桶狭間に陣を置かせ、自分が率いる本軍数百人は桶狭間の北方にある田楽狭間《でんがくはざま》に野営した。この動きが信長に全て伝えられた。信長は、地域に派遣した家臣たちに、

「とにかく、今川軍の動向については事細かく情報を伝えよ」

と命じていた。この方面に派遣されていたのが梁田政義《やなだまさよし》という武士である。梁田は地域密着型の武士で、地域の有力者たちと非常に懇意だった。そのために、地域の人々から愛されていた。これが今川家の動勢を細大漏らさず梁田にもたらした。梁田は急遽清洲城に走り信長に報告した。当時信長の率いる軍勢は二千から三千程度であった。敵は十倍だ。到底かなうはずがない。したがって織田家の老臣たちは、

「城に籠《こも》って、全員潔く討ち死にしましょう」

と悲壮な決意をしていた。信長は、

「ばかな」

と一笑に付し、

「この窮境も、必ず突破口を開いてみせる」

と勢い込んでいた。が、気持ちだけではこの窮状を突破できない。

(何か、今川軍に変化はないか)

「桶狭間合戦之図」（国立国会図書館蔵）

と、現場からの情報を心待ちにしていた。その時梁田が、

「今川軍が二手に分かれ、本軍は田楽狭間に陣を置いたが、その数は数百にすぎない」

という報をもたらした。信長はこの報告を聞いて、

「勝てる！」と自軍の勝利を信じた。率先して、「つづけ！」と、田楽狭間めざして馬を走らせたのである。したがってこの時の信長の目標は桶狭間ではなく田楽狭間である。数の多い桶狭間に陣を置いた今川軍には目もくれなかった。数百人が相手なら、今度はこっちが十倍の兵力になる。

また梁田の報告には、

「明日正午頃には、田楽狭間近辺にちょっとした低気圧が襲う」

という気象の変化も告げられていた。信長はこ

れも利用した。作戦は図に当たり、今川本軍は突然突入して来た織田軍によって引っ掻き回された。しかも大将の義元も首を取られてしまった。そしてこの時に義元を守ろうとして奮戦した井伊直盛も討ち死にしてしまったのである。井伊家に伝わる伝記によれば、この時は当主の直盛だけではなく、一族や重臣が十六名も討ち死にしたという。

この合戦の敗北で、井伊家の家督は養子の直親が継いだ。今川家にも変化が起こった。求心力が何よりも衰えた。義元の跡はその子の氏真《うじざね》が継いだが、父の義元とは違って、曖昧《あいまい》な生き方をする優柔不断な人間だった。長く人質だった松平元康が合戦後、

「父上の仇《あだ》を討つつもりがあるのなら、お味方申します」

と申し出たが氏真は曖昧な応じ方をしてこの勧めに乗らなかった。このことを知った元康は、

「今こそ独立の機会だ」

と思い、その時陣を置いていた三河国から駿河に帰るのをやめた。今川家では、

「元康が裏切った」

と騒いだが、元康は毅然《きぜん》として岡崎に戻った。これが元康の、「今川家からの離反」である。

ただ、かれの場合は今川家の重臣関口親永《せきぐちちかなが》の娘を妻に貰っていた。今川義元の、元康

をより今川家の親族にしようとする政略結婚である。この妻は築山御前《つきやまごぜん》といわれる。家康との間に長子信康《のぶやす》を生む。しかし後に織田信長の策で、築山御前は斬殺され、信康は切腹する。もちろん夫であり父であった家康承認のもとにである。

家康は、八歳の時から今川家の人質になったが、かれの麒麟児《きりんじ》のような能力を発見し、（場合によっては、今川家の当主義元殿より才幹が優れているかも知れない）

と見抜いたのが、義元のブレーンであった駿府臨済寺《りんざいじ》の住職太原雪斎《たいげんせっさい》である。雪斎は幼年から青年にかけての家康を徹底的に教育した。この頃の家康は、雪斎が身につけている古代中国の思想・歴史・兵法など広範にわたる知識を、厳しい教育によって植えつけられた。後年、

「徳川家康は無学だった」

という人がいるが、決してそんなことはない。家康は織田信長・豊臣秀吉を超えるような大学者だったのである。その種子は、今川家の人質時代に身につけたものだ。

その太原雪斎は、桶狭間の合戦の五年前に死んでいる。もしも雪斎が生きていたら、織田信長の桶狭間合戦における勝利は果たしてどんなものだったろうか。これは歴史における〝もし〟であって、非常に興味深い。

雪斎が死んだことは、織田信長にとって幸運であり、今川義元にとっては不運であっ

た。この合戦後家康は宿願の「独立」ができ、岡崎に帰ることが出来たからである。

井伊家においては、直盛（直虎の父）が討死をしてしまったので、家督は養子だった直親が継いだ。

しかし今川義元の討死によって、駿河・遠江《とおとうみ》・三河地方には、じわじわと変化が起こって来た。何よりも今川家のステータス（威・求心力）がにわかに衰え始めたからである。

戦国の武将は状況に敏感だ。何よりも、

「誰がこの地方で一番威を張っているのか」

ということに関心をもつ豪族にとっては、

「寄らば大樹の陰」

の考えが行き渡っていたからである。今まで今川家という大樹の陰に身を寄せていた豪族たちも、桶狭間合戦後はにわかに態度を変え始めた。にわかにではなく、じわじわと変えた者もいる。井伊直親はそのじわじわ組であった。

かれが眼をつけたのは、今川家に長い間人質になっていた隣国三河の岡崎に拠点を置く、松平元康（徳川家康）であった。

井伊直親にとって、今川家は〝恩〟よりもむしろ〝恨《うら》み〟の方が多い。身近な家老の讒言によるとはいえ、直親にとっては父を討たれた仇である。恨みにおいては、松平元

岡崎城（愛知県岡崎市）

康も同じだろう。八歳の時から十九歳の時まで、駿府に人質として半ば軟禁状況の暮しを強いられてきた。たしかに太原雪斎のような優れた人物によって、他の場所や人間では身につけることのできない教養を授けられたが、だからといって少年家康が、

「今川家は実に有難い」

などと思っただろうか。これは、徳川家の忠臣であった大久保彦左衛門《おおくぼひこざえもん》が後に「三河物語」に書いたように、

「岡崎へ代官として乗り込んで来た今川家の武士によって、松平家の武士たちは全て農民にされ、田畑の中に這《は》いつくばってその顔色を窺《うかが》った。屈辱のあまりたまりかねた松平家の武士たちは、一日も早く若君（家康）の岡崎帰還を願っていた」

という状況だったから、家康自身は勿論のこと、その家臣団の今川家に対する恨みの深さは、計り知れないものがあった。

そういう意味では、井伊直親と松平元康の二人には、

「今川家への宿意」

という点で、共通して結び合える糸があったのである。

しかし少年の頃から酷《ひど》い目に遭った直親が、いきなりそういう態度を表に表すとは思えない。慎重に彼は時の来るのを待っていた。

井伊家滅亡の危機

井伊家というのは、もともとは井伊谷に拠点を置く独立を重んずる豪族《ごうぞく》だ。それに、井伊家には特別な誇りがあった。これは後に詳しく書く。その誇りを守り抜くのが井伊家の伝統的気概である。したがって、たとえ大勢力であろうとも、他家の樹の葉の陰に便々と生きるなどということは、井伊一族の望む所ではなかった。

この井伊家に小野道好《みちよし》という家老がいた。ふつう、

「小野道好は小野道高の息子だ」

といわれるが、研究者の最近の調査によればどうも違うらしい。ただ、

「小野道好も道高の属する小野家の一族であろう」

という点では一致している。この小野道好が密かに駿河に赴いて、直親を讒言した。

「井伊直親は岡崎の松平元康と通じ、今川家に反旗を翻《ひるがえ》そうとしている」

という内容である。

今川義元の跡を継いだのは氏真だった。しかしこの氏真はどうも煮え切らない優柔不断な人物で、前に書いたように松平元康が合戦後、

「父上の仇を打つつもりなら、お味方する」

と申し出たときも、はっきりした対応をしなかった。松平元康は、間もなく徳川家康と名を改める。かれは、今川義元が討たれた瞬間から、

「岡崎に戻って独立する」

という気持ちを持っていた。したがって、氏真に対しては対等の大名としてそういう呼び掛けをしたのである。それが氏真には不快だった。

(昨日までの人質が、父が死んだからといってにわかにでかい態度を取る。小癪《こしゃく》な奴だ)

と、著しく感情を害していた。そんなことは本来理由にはならないが、不快感を持った氏真は、そういう気分のままで到底父の敵を討つような気にはなれなかった。家康はそういう氏真を見て見放した。というよりも、むしろ、

「独立する口実ができた」

と考えた。ただ、家康には今川家の口利きで妻にした関口親永の娘と、その娘が生んだ信康という長子の存在があった。そのままにすれば、

「松平元康は、妻子を捨てて岡崎へ逃げ出した」

といわれる。そこで、手をまわして、腹心に命じ密かに母子を駿府から救い出させた。家康は、後に〝律儀な徳川殿〟といわれるように、きちんとした手続きをとる。やはり小さい時から、

「他人の目の前に晒《さら》され続けた」

という経験を踏んだので、かれは、

「他人の目線を気にする人間」

になった。だからかれの政治家として最も気にしたのは、

「世論」

である。それと、

「自分は他人からどう見られているか」

という、

「他人の視線を意識する人間」

であった。何よりも、他人から批判されることを嫌った。だからこそかれが発した言葉で、

「主人に対する諫言《かんげん》は一番槍よりも難しい」

と言う有名な言葉を発するのである。これは裏返して考えれば、

「わしを落ちこませるような諫言を、やたらにするな」

という意味合いもあるだろう。諫言というのは当然、

「主人に対する批判」

の要素が含まれているからである。

独立した家康にとって、隣国遠江の当主である井伊直親と手を組むことは、最も手っ取り早い力の増強策であった。だから小野道好が讒言したのも、全く〝火の無いところに立った煙〟ではなかっただろう。あるいは、徳川家康の方から手を伸ばしたのかもしれない。そして、状況としてはそういうことがあっても一つも不思議ではない空気が漂っていた。そして何よりも氏真自身が、

「いつ、家臣が背くか」

と、びくびくしていた。世間からは、

「父の仇もとらぬ臆病者《おくびょうもの》め」

と批判の矢がつぎつぎ飛んでくる。小心なかれはその頃〝疑心暗鬼《ぎしんあんき》〟の塊になっていた。こういう小心者は、痛いところを突かれると反動的に居丈高《いたけだか》になる。小野の讒言を信じた氏真は、

「すぐ討伐の軍を井伊谷へ差し向けよ」

と命じた。ところが氏真の重臣の中に新野親矩がいて、かれは小野道高の讒言の時にも、

「そんなことはあり得ない」

と言って、直親の父直満やその兄直義を庇《かば》った人物である。妹が直虎の父直盛の妻になっていたからそのため、井伊一族とは非常に親密な間柄であった。だからこの時も、

「直親に限って、そんなことは絶対にございません」

と氏真を諫《いさ》めた。しかし氏真があくまでも疑いを捨てないので、

「それでは直接、直親を呼んで真偽をお確かめになったらいかがですか」

と進言した。氏真も熱心な新野親矩の言葉に従い、

「わかった。それでは討伐はやめよう。直親をすぐ駿府に呼べ」

と命じた。こういう経緯で、井伊直親は永禄五（一五六二）年の十二月、氏真の呼び出しに応じ、申し開きをするため井伊谷を出発した。そして東海道を駿府に向かう途中、懸川《かけ》（掛川）の城下町に差し掛かった時、突然懸川城主の朝比奈泰朝《あさひなやすとも》が、二十人ほどの兵に直親一行を囲ませた。直親はわずかな供しか連れていない。だからいきなり襲い掛かって来た朝比奈勢にはかなわなかった。簡単に殺されてしまった。朝比奈は今川の一族だという。

こうして、再び家老の讒言によって、せっかく井伊家の当主になった直親も殺されてしまったのである。この時、朝比奈勢は勢いを買って井伊谷を攻めたとも伝えられている。古記録「井伊家伝記」には、この時の経緯が次のように記されている。

「掛川御通りの節、朝比奈備中守取囲一戦に及。直親主従共に粉骨を盡《ことごと》くすと雖《いえど》も無勢故、終に傷害成され候。直親公死骸一国の中故、南渓和尚僧衆遣わされ引取。龍潭寺に於て焼香成され候。永禄五壬戊十二月十四日なり。法名大藤寺殿肥州太守剣峯宗慧大居士」。殺された直親は恨み骨髄に徹したにも違いない。最初の小野道高による讒言で父を殺され自分自身は遠く信州まで亡命せざるを得なかった。しかもその後十年余り他郷で、孤独な日々を送り続けた。それだけでも直親の今川家に対する怨念《おんねん》は積りに積もった。ようやく、父を訴え出た小野道高が死んで、故郷に戻ったのもつかの間、宗主の直盛を桶狭間の合戦で失い、その結果かれに当主の座が回って来たにもかかわらず、簡単に小野道好の讒言によって、掛川城下で再びあの世へ旅立たされたかれにすれば、無念この上なく口惜しさの権化となってこの世から旅立った事だろう。

しかしいずれにせよ、井伊宗家は、これによって、

「男系による相続人」を失ってしまった。このままだと井伊家は滅亡の憂き目を見ざるを得ない。

そこで、女性である直虎が相続人として浮かび上がって来たのである。しかし直虎にすれば単純なことではない。心の屈折がある。それは、許嫁だった亀之丞が信州へ亡命したあと

「亀之丞様は二度と井伊谷にはお戻りにはならない」

と、周囲からいわれ、次第に自分もそう思い込むようになってしまった。世をはかなんだ直虎は、ついに意を決して龍潭寺に入り、髪を剃って尼になってしまったからである。場合によっては、亀之丞が井伊谷に戻って来た時に、一旦僧籍に入った直虎も還俗し、かつての許嫁亀之丞の妻になる道も無いとはいえないだろう。

しかし全体に、井伊一族には、律儀な性格があって、一旦決まった以上また元に戻す

という道は絶対に取らなかった。

「決まったことは一つの運命である」

と、天の定めた道に素直に従うという風習があった。そのため待望の亀之丞が井伊谷に戻って来ても、直虎は胸は弾ませたものの、

「還俗して亀之丞様の妻になる」

ということはせずに、複雑な気持ちを抑え込んだまま、龍潭寺に住み続けたのである。

亀之丞は直親と名を変え、井伊宗家の相続人になった。そして、一族の奥山朝利の娘を妻に迎えた。永禄四（一五六一）年には、直親・奥山朝利の娘夫婦の間に男の子が生まれた。虎松と名づけられた。この虎松が、後の井伊直政になる。一説にいう朝比奈泰朝が直親を殺した直後、井伊谷に攻め込んだというのは、

「直親の子も殺して、系統を根絶やしにしよう」

と考えたからに他ならない。満二歳にしかならない虎松も、たちまちその生命を脅かされた。

この時、またしても虎松を救ったのが新野親矩である。しかし新野は今川家の重臣なので、井伊谷に出向いて虎松を匿うわけにはいかない。代わって虎松の後見になったのが中野《なかの》信濃守という武将である。しばらくの間虎松を匿った。が永禄七（一五六四）年

九月十五日に、引《ひく》（曳）馬《ま》城（浜松市）主の飯尾連龍《いいおつらたつ》が、今川氏真に背《そむ》いた。氏真は直ちに新野親矩に討伐を命じた。ところが、引（曳）馬城付近の東天間橋の戦いで、この親矩が討ち死にしてしまった。さらに、この合戦では井伊家の家老で虎松の後見役になっていた中野信濃守も討ち死にしてしまった。虎松はまた危険な場に放り出されたまま、庇護者を失ってしまったのである。

見かねた母の実家である奥山家から一族の奥山六左衛門《ろくざえもん》が出てきて、虎松の身を引き受けた。しかし井伊谷にそのまま住んでいれば、何度でも虎松は危険に晒《さら》されるので、三河（愛知県）の北方にある鳳来寺《ほうらいじ》に難を避けた。

鳳来寺は、有名な〝仏法僧《ぶっぽうそう》〟という鳴き声を上げる鳥の生息地だ。海抜六八四メートルの岩石からなる山中にある寺で、真言宗である。徳川家康が七百四十六石の寺領を寄進した。三代将軍家光《いえみつ》も本堂その他の諸堂を修築した。新たに家康を祀る東照宮《とうしょうぐう》も造営している。

この時寺社領は千三百五十石に増やされ、一山に三十六坊が並んだ。現在は、東照宮本殿・拝殿・幣殿《へいでん》などが残されている。鳳来寺は付近の住民はもとより、遠くの地域の人々までも信仰の対象にしていたので、身の置き所としては安全だった。しかし、虎松は、

「井伊家の次期相続人」

に位置付けられていたから、虎松の生命は安全であっても、井伊谷の井伊宗家は、当主不在という形になってしまった。つまり、井伊谷を治める責任者を全く欠いてしまったのである。そうかといって、虎松を呼び寄せればすぐ今川方の刺客たちに襲われることは目に見えている。

南渓和尚の知恵

「どうすればよいか」

井伊宗家に関わり持つ人々は、頭を抱えた。

この時、知恵を出したのは龍潭寺の南渓和尚であった。関係者を集め、

「いっそのこと直盛様の娘御を相続人にしたらどうか」

と言い出した。みんなびっくりした。

「直盛様の一人娘というのは、すでに尼様になられたお方のことか」

と関係者が訊《き》く。南渓和尚は頷《うなず》く。みんな顔を見合わせた。

「いかに何でも、おなごを井伊宗家の当主にするとは、前代未聞だ」

井伊氏居館跡から井伊谷城遠望（浜松市）

と、話自体がナンセンスであるかのように関係者は否定的な言葉を発した。ところが南渓和尚はいたって真面目だ。

「別に差し支えないではないか。あの尼殿は井伊宗家の血を完全に引き継いでいる。宗家の当主は別に女でも差支えなかろう」

と言い張る。関係者はいかに何でもと言った表情で、否定的な空気を醸《かも》し出した。南渓は熱心にそういう反対者を説いた。つまり、

◎　井伊谷を支配する井伊本家は、昔から「独立独歩」の気風が強い（今でいえば地方自治を確立して来た）

◎　その相続人が、男性であろうと女性であろうと、地域の自治にとって関わりはない

◎　この際その独立独歩を持とうとする井伊家は、長年駿府の今川家の圧力下にあった

◎　井伊宗家の相続人が、様々な目に遭《あ》った　のも今川家の圧迫と干渉による
◎　その今川家の圧力が今は衰《おとろ》えているので、もう一度井伊家独立独歩の気風を取り戻すよい機会である
◎　そんな時に、宗家の相続人に女性がなるというのも、そういう独立独歩のひとつの象徴ではなかろうか
◎　思い切って、女性を井伊家の当主にするのも、われわれ自身にとっても頭の切り替え（意識改革）になるのではなかろうか

と云うことだ。今でいえば、

「新しい酒は新しい皮（革）袋に盛る」

ということだろう。それも、井伊谷という地域を新しく変革して、そこに新しいタイプの宗主を出現させるという事ではない。井伊谷という地域も、また宗主である井伊家の相続人もみんなが知っている古い地域であり人間なのだ。そこで改めて、まず井伊谷という地域を、

「独立独歩の実現地」として認識する。そこに迎える宗主も、

「新しく生まれた地域を治める新しい人物」

として認識すれば井伊谷の地域もまた迎えた女宗主も、新しい型の人物だと考えるこ

ともできる。

「如何かな」

南渓和尚はそう言って集まった連中の顔を見渡した。集まった人々は南渓の言い方に一種の詭弁性《きべんせい》を感じたが、日ごろから尊敬する南渓の言う事なので自分達の胸に湧いた疑念をすぐ打ち消した。やがて座には南渓に説得された穏やかな空気が満ち、集まった人々の全てが、

（和尚様のおっしゃることは尤《もっと》もだ）

と思うようになった。そこで代表が、

「和尚さま、異議ございません」

と応じた。南渓は満足げに頷《うなづ》いた。

「では、そのように致そう」

と締めくくった。使いが走って、寺内にいる直虎が呼ばれた。このことを南渓から宣されると直虎は驚いた。そして激しく首を横に振った。

「とんでもないお話でございます。ご存じのとおり私は女性でございます。とても井伊宗家の相続人になどなれませぬ」

それが常識ではないのか、なぜ突然そんな話をするのかという激しい抗議の色が声音

に現れていた。しかし南渓は引かなかった。

「ここにおられる御一統の承諾を得た合意です。お受けください」

と勧めた。直虎はなおも抵抗した。彼女にとってとんでもない話である。たしかに身は宗家の家に生まれはしたが、しかし男性とは違って家の保持や、地域の治政などの知識も技術も全く持ち合わせていない。とんでもない迷惑な話だ。今は、心静かに仏の道を歩んで、あれほど恋しかった直親のことも忘れつつある。忘れるというよりも、

「近くて遠い存在」

に変わりつつあった。いってみれば、仏に准ずる信仰の対象になりつつある。そして、

（それが、わたくしのこの世における運命だったのだ。それに素直に従おう）

と、いわゆる悟りの境地を開きつつある時に、なぜまた現世に引き戻そうとするのか、それも政治という生々しい世界にムンズと肩を掴《つか》まれて、強引にその渦の中に引き戻されようとしている。これは抵抗せざるを得ない。直虎は頑固に首を横に振り続けた。さすがに南渓も手を焼いた。しかし南渓は、自分が思い立った着想に自信を持っていた。つまり、

「たとえ女性であっても、家の長子であれば相続人に立てても差支えはない」

という考え方である。それは消極的な意味ではなく、南渓はむしろ積極的にそう思っ

ていた。そしてそうすることが、

「井伊谷に拠点を置いた井伊家の伝統的な自治を守ることになる。世間に対して決して無駄な主張ではない」

という信念にまで高まっていた。そう考えると南渓は、是が非でも直虎を井伊家の宗主に立てなければならない、と義務感のような考えさえ湧《わ》かせたのである。そのため、直虎への説得は力が入り熱がこもった。直虎は次第に圧倒された。何よりも座にいる多くの人々の目が、直虎に、

「南渓和尚様の言うとおりにしてください」

というようにあっちからもこっちからも、鋭い視線となって迫って来たからである。尼になった直虎は世間から「次郎法師《じろうほうし》」と呼ばれていた。次郎というのは惣領を意味し、法師は僧を意味する。その合成語だ。南渓はその点も論拠にした。

「たとえ尼になろうと、おぬしは井伊家の惣領であることを今も示しているではないか」

と言った。直虎は悟った。

（このことはいくら抵抗しても無駄なのだ。ここにおられる人々は、すでにわたしを井伊家の宗主にすることを決めておいでだ）

と感じた。問答を続けているうちに、直虎も次第にその気になってきた。つまり南渓のいう、

「今の時代に、女性が宗主になってても別にかまわないではないか。それこそ、世間に新しい家の形を示すことになる」

という主張である。直虎の心の変化を知った南渓は敏感にそれを察し、

「どうです？　承認してくださるか」

と畳み込んでくる。直虎はついに、

「考えさせていただきます」

とまで折り合った。座にほっと安堵の空気が流れた。その安堵の空気は、

（次郎法師さまは必ずご承認してくださる）

という、すでに事が決したかのようなものだった。南渓もそれ以上押すことは控えた。

「わかりました。では、お考えください。しかし、宗主不在の井伊家にとっては緊急の事柄でありますので、お考えになる時間は極力短くしていただきたい」

と告げた。直虎はしぶしぶ承知した。

井伊谷探訪　井伊家の里・井伊谷

井伊氏発祥の地、井伊谷は浜名湖の北方約六キロ、赤石山脈支脈の山地、丘陵地を背後にして、南面に開けた土地である。後背の山地は奥三河と遠江を隔て、そこに源を発する井伊谷川、神宮寺川が地域を南流して南方で合流、この合流地点から北側一帯と神宮寺川西岸が主として古くからの井伊谷・井伊氏の里のエリアになる。

国道二五七号井伊谷交差点付近に「井伊谷」バス停がある。ここから西へ、全長三〇〇メートルほど、道の両側に慎ましやかに店舗が並んだ商店街がある。この商店街に接した北側一帯が井伊氏の居館（本丸・二の丸・三の丸・出丸）のあったエリアである。背後には詰の城として井伊谷城が控えている。つまり、戦国時代、直虎の時代の井伊氏の拠点、中心地である。

直虎、井伊氏ゆかりのスポット、井伊谷城跡、二宮神社、井殿の塚、井伊氏居館跡、妙雲寺、渭伊神社、天白磐座遺跡、龍潭寺、井伊谷宮、共保出生の井戸などは井伊谷城跡からおよそ半径一キロの範囲に点在している。三岳城址は少し離れるが、半日、あるいは一日、徒歩でも充分に巡ることができるだろう。

以下、これらのスポットを各章の末尾で「井伊谷探訪」として紹介していこう。

なお、アクセスは、便宜上、浜松駅から出る遠鉄バスの停留所で示している。

【道しるべ】▼静岡県浜松市北区引佐町井伊谷　▼遠鉄バス「井伊谷」ほか

井伊谷探訪　井伊谷城

「井伊谷上」の交差点から東へ約二〇〇メートル。「引佐多目的センター」へ向かう角に「城山公園」の表示が見える。図書館の脇を抜けて緩い坂道を少し行くと、「井伊谷城跡（城山公園）」の標識があり、整備されてはいるが細い山道となる。十分ほどで左手に赤い鳥居と稲荷神社の小さな社が見えてくる。右手に二宮神社への道を分けると、標高一一四メートルの頂上はすぐ。

頂上は南側にテニスコート二面ほどの小平地が広がり、わずかに盛り上がった北側には杉の木立が繁る。こちらの展望は木々に遮られてさほど良くないが、北東方向に三岳城址のある三岳山が大きく望める。この一帯が「御所丸跡」で、中央部にはそれを示す木柱が立っている。少し下がったところにも「宗良親王〇〇〇」と記された木柱があるが「宗良親王」以下は折れていて読み取れない。

城跡の全域は江戸時代初期に廃城となっていて、遺構がよく残されているとはいえないが、崩れかかった「土塁」跡と見られる盛り上がりが、かつての城の雰囲気を伝えている。南面の展望台からは、丘陵地から盆地に移る狭間にある井伊谷の地形がよくわかる。田畑・住宅の間の濃い木叢は龍潭寺、渭伊神社などの社寺の杜だ。案内板によれば、空気の澄んだ日には浜松市街地、浜名湖も望めるようだ。

【道しるべ】▼静岡県浜松市北区引佐町井伊谷　▼遠鉄バス「井伊谷」下車約二十分

井伊谷探訪　龍潭寺

行基を開祖とする臨済宗妙心寺派の古刹。古くからの井伊家の菩提寺で、井伊家歴代の当主と直虎、井伊家に因縁の深い宗良親王の菩提が弔われている。井伊の地にある井伊家所縁の寺であることから、周辺一帯随一の観光スポットともなっていて、参詣者も絶えない。

井伊谷城跡南方約一キロに位置し、寺域の北側に井伊谷宮が接し、総門前の道路を隔てた近くに家祖井伊共保出生の井戸などの井伊氏所縁の史跡がある。

総門、仁王門を備えた一万余坪の宏壮な境内には、本尊虚空蔵菩薩の座す本堂をはじめ、開山上人黙宗瑞淵禅師を祀った開山堂、井伊家元祖共保、二十二代直盛、二十四代直政の木像が安置され、井伊直弼を含む千年、四十代の位牌が祀られている御霊屋、書院、庫裡が立ち並ぶ。開山堂の西側は井伊家墓所で、共保、直盛の二基の墓を正面にして、直盛の妻、直虎、直親、直親の妻、一番手前に直政の墓石が並ぶ。隣接して、井伊家武将たちの葬られた墓域がある。

また、忘れてならないのは、国指定名勝となっている本堂裏手の庭園で、小堀遠州作と伝わる池泉観賞式の名園である。東側書院からの眺めは心安らぐものがある。

【道しるべ】▼静岡県浜松市北区引佐町井伊谷一九八九　▼遠鉄バス「神宮寺」下車徒歩約十分

二、聖水の伝承

井伊の井は聖水の伝承から

井伊という姓の源は、「井」である。上にも下にも何の字も付かない。ただの「井」だ。井というのは、井戸の事であり、同時に地下からの湧き水をいう。地域としては現在の静岡県浜松市引佐《いなさ》町に含まれる。引佐地域には「井」という字のつく地名が多い。井伊谷そのものがかつては、単に「井谷《いのや》」あるいは「井之谷《いのや》」と表記されていた。平安時代中期に編《あ》まれた「倭名類聚鈔《わみょうるいじゅしょう》」では、全国の国・郡・郷の名称が収められているが、引佐地域に該当する行政区画の郷名が、「渭伊《いい》」と表記されている。この二文字を「井《い》以《い》」と訓《ルビ》がつけられている。これは、「延喜式《えんきのしき》」によって諸国の地名は二文字を用いるようにという規定が出され、さらに和銅六（七一三）年五月二日の「風土記撰上《ふどきせんじょう》」の官命には、

「畿内《きない》七道諸国の郡郷の名は好《よ》き字をつけよ」

という方針が示された。そのため単に「井」と記して来たこの地方も、二文字にするために「渭」の字を選び、「渭伊」と改めたのである。なぜ「さんずいの渭」の字が加えられたかといえば、以下は筆者の想像だ。

古代中国で、北方を流れる黄河《こうが》の源流を「渭水《いすい》」と呼んでいた。この川のほとりに岐山《きざん》という山があった。この麓《ふもと》から興《おこ》ったのが「周《しゅう》」という国であり興したのは武王《ぶおう》である。武王の父は文王《ぶんおう》だ。武王の政治は大変行届き、

「民は鼓腹撃攘《こふくげきじょう》」していたという。鼓腹と云うのは、たとえ貧しくても美味しいものが食べられるので、お腹が一杯になり、そういう政治を行う武王を称えて、民は地を打ち踊り狂っていたという。

この時代は〝春秋時代《しゅんじゅうじだい》〟といわれ、聖人である孔子《こうし》やそれに続く孟子《もうし》を含め、古代中国の思想家たちが皆称えた。古代中国はもちろん、孔子や孟子の教えを伝えられた日本の政治家たちもすべて、

「周の武王に倣《なら》え」

と政治の行き着くべき指標とした。

おそらくこの伝承にあやかろうしたのが、戦国時代の織田信長ではなかろうか。彼にはブレーンがいた。沢彦《たくげん》という禅僧である。信長が美濃を制圧した時、沢彦は、

岐阜城空撮（岐阜県岐阜市／岐阜市教育委員会提供）

「今まで斎藤氏《さいとう》〈美濃の国主〉が拠点にしていた、金華山《きんかざん》山頂の稲葉山《いなばやま》城では、地べたを這いまわる民の苦しみはわからない。麓に政庁を設けられよ」

と勧め、信長がその助言に従うと沢彦はさらに、

「麓の地域は岐阜《ぎふ》とされよ」

と助言した。岐阜というのは「岐山《きさん》」からとったもので、山を少し低くして丘にしよう（阜は丘の意味）ということである。信長はこの助言に従った。しかし信長はこの時から、

「天下布武《てんかふぶ》」という印鑑をつくり、公文書には必ずこの印を押した。天下布武というのは普通に読めば、

「天下に武政を布《し》く」

という意味だろうが、筆者は、

「天下〈日本〉に、周の武王の政治を行う」

と、信長の決意をそのように解釈している。

したがって、沢彦の助言は、稲葉山城のあった金華山を、古代中国の黄河上流にあった岐山に見立て、長良川《ながらがわ》を「渭水」に見立てたのだと思う。しかし、当時禅僧をブレーンにしていた戦国大名のほとんどが、こんなエピソードは知り尽くしている。だから信長が新しい政庁の所在地を、もしも「岐山」などとしようものなら、声を揃えて、

「信長の奴は思い上がっている」

と嘲笑するに違いない。そのことを知っているから沢彦は、

「本来なら岐山とすべき地名変更を、山を少し低くして丘になされよ」

といって「岐阜」という地名を提言したのである。しかし信長の心持は明らかに、

「周の武王の政治を、この日本で展開してやろう」

と意気込んでいたことは確かだ。

そもそも信長が生まれた尾張国（愛知県）には、古代から一つの伝承があった。それは〝あゆち〟思想である。あゆち思想というのは、

「海から幸福の風が吹いてくるが、その風は日本の中部である尾張に上陸する」

というものだ。幼少時代から城下町を歩き回って、同時代人のニーズ（行政需要）をマーケティングしていた信長は、同時代人の特に民衆のニーズを、

「あゆちの風を構成する要素にしよう」

と考えた。つまり、

「あゆちの風を吹かせるということは、同時代人のニーズを実現することだ」

と考えたのである。これによってかれの天下平定は、

「あゆちの風を日本中に吹かせる」

という一点に絞られた。それがかれの〝天下事業〟の内容である。

この考え方は、現在の愛知県に生まれた後輩の豊臣秀吉や、徳川家康に引き継がれていく。彼ら自身は、決して、

「自分の権力を増強したい」

という私欲に満ちた天下人ではない。あくまでも、

「この国（日本国）の国民のニーズに応えよう」

という理念があったことは確かである。単に土地争いの合戦ばかりを行っていたわけではなく、その合戦の根底には、

「戦国武将としての夢と理想」

がはっきり据えられていたのである。

その小規模な展開が引佐地方でも行われた。引佐地方は都田《みやこだ》川の流域に展開する地域をいう。そして「倭名鈔《わみょうしょう》」によれば、この頃の郡は、渭伊郷のほかに、「京田（美也古田）・「刑部《おさかべ》（於佐加倍）」・「伊福《いふく》（以布久）」の四郷からなっていたという。いずれも、地方の小地域にはない「みやこ」だの「おさかべ」などの、佳字《けいじ》による地名だ。それだけこの地域には歴史的故実が土の中に染み込んでいた。研究者によれば、

「ミナコダはミヤケダ（屯倉田）の意味であろう」

と考究されている。つまり、都の王の直轄地《ちょっかつち》の意味である。研究者は、この地方には広大な宮家が存在したのだろうと推測されている。そして、「引佐町史」を編纂《へんさん》する過程で、域内の小字名を集めたところ、「椿井戸」・「井ノ口」・「井戸尻」・「水神」など、井や泉に関する地名が、百以上も集まったという。これは言ってみれば、

「地域のC・I（コーポレート・アイデンティティ）」

といっていい。現在政府が「地方創生」を主導しているが、創生の拠り所はやはり、

「その地域の特性（C・I）」

だ。だから、普通C・Iを「コーポレート・アイデンティティ」と訳しているが、地方の場合には「コミュニティ・アイデンティティ」と訳した方がわかり易い。

共保公出生の井戸（浜松市）

引佐地方のC・Iはそのまま「湧水」あるいは「井泉」である。そして湧水そのものは、地域の人にとって、

「聖水《せいすい》」

であった。

井伊谷盆地の西寄りの水田の一画に、白壁に囲まれて大きな石組の井戸がある。これが地域における、

「住民たちに神聖視される重要な遺構」

として伝えられている。というのは、この井戸は、

「井伊家の始祖である井伊共保《ともやす》が誕生した場所」

と伝えられるからである。この井戸のすぐ北には、井伊家の菩提寺である龍潭寺があり、逆に辿《たど》れば龍潭寺から一直線に南下した地域に存在する。その伝承について、江戸中期に龍潭寺の住職がまとめた「井伊家伝記」には、次のような記述がある。

「引佐郡井伊谷にある八幡宮（渭伊神社）社前神田のなかに井がある。寛弘七（一〇一〇）年元日に、神主が社参の折り、その井から容姿端正な子供が誕生。その井の水で産湯を掛かり、やがて井伊氏の始祖共保となった」。

この記述は井伊家の始祖誕生の由来を述べている。井戸の中から赤ん坊が生まれるわけがないから、これは捨て子だと見ていいだろう。その捨て子を拾ったのが八幡宮の神官とも、あるいは近くの地蔵寺の住職だったとの説もある。いずれにしても、井伊家の共保はこの井戸の脇に捨てられていたのだ。

井伊谷は古くは、〝井の国〟といわれ、この地域を〝井の国の大王〟が治めていたと伝えられる。あえて、信長の故事になぞらえれば、都田川《みやこだがわ》が渭水になり、井伊谷城のあった辺りが岐山になる。だから、延喜式《えんぎしき》によって、

「諸国の地名は二文字に、しかも佳字をつけよ」

という指令に従って「渭伊」とした「渭」の意味には、古代中国の〝渭水〟になぞらえたと考えるのもあながちこじつけにはならないだろう。

この郷には、引佐地域を一種の桃源郷《とうげんきょう》と考える夢があった。そしてその夢は地域の誇

りであり、長く住む人々の伝承となって後世に伝えられるものにもなっていた。

生誕後、共保が捨てられていた井戸の付近は〝井伊谷の聖域〟となり、住民たちの信仰に近い敬愛の念を持たれるようになった。その共保を祖とする井伊家は、次のような宗主が引き継いでいる。列記しよう。

共保・共家《ともいえ》・共直《ともなお》・惟直《のぶなお》・道直《みちなお》・盛直《もりなお》・良直《よしなお》・弥直《みつなお》・泰直《やすなお》・行直《いくなお》・景直《かげなお》・道政《みちまさ》・高《たか》顕《あき》・時直《ときなお》・顕直《あきなお》・諄直《あつなお》・成直《なりなお》・忠直《ただなお》・直氏《なおうじ》・直平・直宗・直盛・直親・直政　となっている。上につくか下につくかは別にして「直」というのが、井伊家の通字のようだ。十二代目と十三代目に直のつかない宗主がいる。道政と高顕だ。なぜこの二人が「直」の通字を用いなかったのか理由はよくわからないが、南朝のために力を振るって、歴史の上に井伊家の名を出した功労者だといわれている。

こういう井伊家の歴史を直虎に家祖から始まって、こもごも教えてくれたのは南渓だ。直虎は南渓に約束した、

「少し時間が欲しい」

という。思考の時間のほとんどを、聖域とされている井戸のほとりで過ごした。晴れた日ばかりではなく雨の日もあった。しかし雨というのは、人間の心の騒ぎを鎮めてくれる。

井伊家歴代の墓所（龍潭寺／浜松市）
元祖井伊共保から24代井伊直政までの墓所。

直虎は雨の日は特に、自分から聖域である井戸の淵に行くようにした。それは井戸の底から、井伊家の先祖たちがこもごも立ち現われては、それぞれの考えによる助言をしてくれるように思えたからだ。

こういう思考方法はすでに彼女が尼になってから身につけたものである。一人で本堂の仏に対したり、あるいは修行の道場でポツンと座り込んで考えをめぐらすことが多かったからである。龍潭寺の本堂にいても道場にいても直虎は雨の日を愛した。雨がこんなに自分にとって役立つものだとは思わなかった。

井戸のほとりにいる直虎は、すでに、

「井伊家の宗主になろう」

というように心を固めていた。

女性が宗家の宗主になるのは、たしかに異例だが、この井伊谷に限って空気が少しずつ変わっていた。それは長年属して来た今川家の求心力がとみに衰えたことである。やはり、今川義元が桶狭間で討たれてからは、今川という木の下に集っていた豪族たちの心が次第に離れていた。

今の当主である今川氏真には、それをつなぎとめるだけの力量はない。離れる豪族は結局はそのまま黙認する以外なかった。

その最たるものが岡崎の松平元康である。元康は徳川家康と名を変えて、事もあろうにかつて今川義元の首を取った織田信長と手を結び始めていた。もちろん、家康は一度は今川氏真に、

「義元殿の仇を取るのなら、お味方します」

と告げている。

それに対して氏真の態度は曖昧であり、というよりも全然信長に対決する姿勢を見せなかったので、それではと家康はこれ幸いにして今川家から離れて行ったのである。こういうほころびが次々と世間に知れると、豪族たちもこもごも自領に戻り、昔実現した

ことのある、

「地域の独立」

を回復していた。

そんな空気の中で今、井伊谷で井伊家が独立性を高め、しかもその宗主に女性を据えても、とやかくいうほどの力を今川氏真は持っていない。家に伝わる「直」という通字を使わなかった道政・高顕の二人について話してくれたのも南渓和尚だった。

「この二人が、南朝に味方して非常に努力した。井伊家の名が伝わるようになったのもこの二人のお蔭だよ」

南渓はそう説明した。

南朝につくした井伊家

元弘三（一三三三）年閏二月に、鎌倉北条《ほうじょう》幕府によって隠岐《おき》島に流されていた後醍醐《ごだいご》天皇が脱出し、伯耆《ほうき》（鳥取県）に陣を構えた。天皇はすでに、

「この国（日本国）に天皇親政を行う」

と、固く心を決めておられた。

北条幕府は守護の足利高氏《あしかがたかうじ》に大軍を与え、その鎮圧に向かわせた。ところが高氏は軍旅途中の丹波《たんば》（京都府）の篠村八幡宮《しのむらはちまんぐう》で、突然後醍醐天皇への味方を宣言した。寝返ったのである。足利軍はUターンして北条方の六波羅探題《ろくはらたんだい》を攻め落とした。六波羅探題は、鎌倉《かまくら》に本社を置く北条氏の京都支社と言っていい。

同じころ、上野《こうずけ》（群馬県）の新田義貞《にったよしさだ》が挙兵し、北条政府の本拠である鎌倉を攻め落とした。北条家の当主であった高時《たかとき》は自殺した。六月に京都に戻った天皇は、北条幕府が擁立《ようりつ》していた光厳《こうごん》天皇を廃した。さらに、院政や摂関政治をも廃止した。隠岐島で構想した「天皇親政」を実際に行ったのである。

後醍醐天皇（東京大学史料編纂所蔵）

後醍醐天皇の目標は〝大化の改新〟であった。年号も変えた。「建武《けんむ》」と改めた。そのため天皇の政治変革は〝建武の新政〟と呼ばれた。

この変革で、最も武功を立てた者と

して天皇から高く評価されたのが足利高氏である。天皇は自身の名尊治《たかはる》から尊の一字を高氏に与えた。高氏は以後「尊氏」と改名する。しかしこの辺の論功行賞の基準はちょっとおかしい。というのは、天皇の目的である、

「倒すべき武家政権の本拠鎌倉」

を滅ぼしたのは新田義貞だからである。高氏は確かに六波羅探題を落したが、これは前に書いたように鎌倉本社に対する京都支社のようなものだ。しかし人間の心理として、帰還後の天皇は京都に拠点を置く。そうなると、やはり、

「京都を朕《ちん》を迎える状況に平定したのは足利高氏だ」

という、身近な場所における軍功がどうしても目に付く。そういう評価方法ではなかっただろうか。ある意味で、こういうところに、

「新政政権の脆弱性《ぜいじゃくせい》」

の一端が伺えるのだ。

翌年の建武二（一三三五）年の七月に、北条高時の遺児時行《ときゆき》が信濃（長野県）で反乱を起こした。この反乱を〝中先代の乱〟と呼ぶ。北条軍の勢いは強く、尊氏の弟直義《ただよし》が守っていた鎌倉が落されてしまった。京都にいた尊氏は天皇に対し、

「北条を討つために征夷大将軍《せいいたいしょうぐん》に任命していただきたい」

と要請した。ところが天皇は何度も書くように、

「武家政権を否定する」

という気構えだから、尊氏を征夷大将軍にすれば再び幕府を容認することになる。したがって天皇はこれを許可しなかった。止むを得ず尊氏は時行追討に向かった。反乱は鎮圧したが、尊氏は京都へ戻らなかった。鎌倉に止まっていた。天皇の周囲では尊氏のこの態度を、

「新政権に対する反逆です」

と評価した。新田義貞が尊氏の追討を命ぜられた。しかし逆に尊氏は新田軍を破った。しかし、天皇の周囲に新興の忠臣も現れ、特に楠木正成《くすのきまさしげ》などが大いに奮戦していた。尊氏は一度九州まで追い落とされてしまう。しかし尊氏はそのまま九州に居つくことなく再挙をはかった。

翌年五月湊川《みなとがわ》の戦いで楠木正成を破った。後醍醐天皇によって廃された光厳《こうごん》上皇を奉じて京都に入った。そして新しく光明《こうみょう》天皇を擁立《ようりつ》した。これによって、京都の光明天皇の朝廷と、吉野《よしの》に脱出した後醍醐天皇の朝廷とが両立する状態になった。京都から見ると吉野山（大和《やまと》国・奈良県）は南方にあたる。そこで京都の朝廷を北朝、吉野の朝廷を南朝と称するようになる。

　この頃、遠江（静岡県西部）では、建武四（北朝の年号では延元二年・一三三七）年に、足利尊氏方の今川範国《のりくに》軍と、在地豪族の井伊軍との間で三方《みかた》ヶ原《はら》において戦いが行われている。劣勢ながらも、井伊軍が在地豪族として終始一貫南朝に味方をしたのはやはりこの地域の土地柄にある。

　井伊氏が管理する地域には、南朝大覚寺統（後醍醐天皇方）の荘園や御厨《みくりや》が集中していたからである。浜松荘は領家職が西園寺公重《さいおんじきんしげ》だ。都田御厨《みやこだみくりや》も南朝の洞院實世《とういんさねよ》という公家の所領である。気賀《きが》荘も後鳥羽後院《ごとばごいん》（修明院《しゅうめいいん》）領である。こういう土地の管理状況を見て、後醍醐天皇は、

「遠江の地を南朝方の一つの拠点にしよう」

と考えた。そこで自身の皇子を派遣して、その地にくさびを打ち込もうと企てた。

　暦応元（延元三年・一三三八）年の九月に、天皇は義良親王《のりよししんのう》と宗良《むねなが》親王、それに忠臣の北畠親房《きたばたけちかふさ》に供をさせて、大船団を組織し東方に向かわせた。出発地は伊勢《いせ》の大湊《おおみなと》である。しかしこの大船団が遠州灘《えんしゅうなだ》に差し掛かった時に突然暴風に見舞われた。宗良親王の乗った船は〝しろわの湊（白羽の湊）〟に座礁した。白羽という地名は遠江に三か所あるそうだ。御前崎《おまえざき》・浜松市・磐田《いわた》市などである。しかし御前崎は遠すぎるので、浜松市の白羽か磐田市白羽かのどちらかだろうと研究者は推測している。

井伊谷宮（浜松市）
後醍醐天皇の第３皇子・宗良親王を祀っている。

宗良親王は三岳《みたけ》城に入った。この時根っからの誠心をもって出迎えた、南朝方に味方する忠臣に、「井介《いのすけ》」という人物が「太平記」に書かれている。井介というのは言うまでもなく「井伊氏」のことだが、通常この井介を井伊道政と解釈している。が、最近では違う資料が発見されて、

親王井伊城に御滞在　井伊九代行直公在城の節に御座候なり

という一文があるので、

「井介は井伊行直のことだろう」

と推測されている。そうなると宗良親王を出迎えた井伊家の当主は、「直」という通字を使った人物になるので、前に述べた「通字を使っていなかっ

た」という説は成り立たないが、こだわらない。

この地域における井伊氏の本城は三岳城である。支城があった。東に大平《おおだいら》城、南に鴨《かも》江《え》城、西に先頭《せんとう》ヶ峯《がみね》城、北に天山《あてやま》城などである。さらに井伊城の西北に奥山《おくやま》城が設けられていた。

しかし、北朝方でも黙認はしなかった。直ちに宗良親王の籠る三岳城を中心に、支城に対しても攻撃を加えてきた。攻め手は高氏《こうし》や仁木氏《にっきし》などである。高氏は〝ばさら（仏の教えにそむく者）〟と言われた高師直《こうのもろなお》の一族で高師泰《もろやす》や泰兼《やすかね》であり、仁木氏は足利の分家である。まず鴨江《かもえ》城が落された。賤《しず》ヶ岳《たけ》城も落された。そして北朝軍は三岳城に迫って来た。この城は翌年の正月二十日に落ちた。そして大平城が落ちたのは八月二十四日である。

この三岳城攻略戦の最中に、後醍醐天皇が亡くなった。あとは義良親王が継ぎ、後村《ごむら》上《かみ》天皇になる。宗良親王は唇を噛んで、遠江から信濃（長野県）へ敗走した。

井伊一族の忠誠心は南朝に捧げられ、形勢が悪くなった後も決して北朝方に味方することはなかった。最後まで南朝に忠節をつくしたのである。

明徳三（元中九年・一三九二）年十月に、三代足利将軍義満《よしみつ》の調停によって、南北両朝の和談が成立した。ここで、

宗良親王御墓（浜松市）
宗良親王御墓は京都に向いてたてられている。

「南北両朝の合一」

が成立する。この時、南朝方の後亀山《ごかめやま》天皇が南朝方の公家や武士に守られて吉野から京都の大覚寺に入った。供の名が記録されていて、その中に「井谷住人」と書かれている。研究者は、

「おそらく井伊谷住人のことだろう」

と推測している。他には、「伯耆党六人・楠木党七人・和田一人・秋山宇陀郡《あきやまうだぐん》住人」などと記録されている。

しかし遠江地域は、北朝方の仁木義長《よしなが》が最初に守護になり、その後も同じ北朝系の今川範国《のりくに》・範氏《のりうじ》（足利一族）父子がその跡を継いだ。したがって井伊氏は、

「現政権の敵」

ということになり、今川氏からは冷たい目

で睨《にら》まれる結果になった。

南渓和尚からこういう歴史話を聞いて、直虎は悲愴感を持たなかった。逆に胸の中に強い気持ちが湧き立つのを覚えた。それは、

「わが祖先は、最後まで南朝に忠節を尽くした」

という感懐だった。それが直虎の胸を騒がせた。つまり、

「わが祖先は偉かった。節を貫き通した」

ということが実感できたからである。直虎は井伊家の祖が捨てられていたという、井戸を訪れることが多かったが、訪れる度に新しい体感をした。それは、

「井伊家の歴史」

と言っていいもので、その歴史も南渓和尚から伝えられた話を頭の中に置いていると、井戸の底から南渓和尚の話以外の雰囲気が、何とはなしに湧きあがって来て、直虎に伝えるのである。それは、直虎の女性としての鋭敏な感覚が捉えるものではあったが、しかし直虎にすれば、

(自分が受け継ぐ井伊家には、こういう伝承があったのだ)

ということが、井伊家の当主になる彼女に対して、今まで経験したことのない誇りと自信を持たせるのだった。同時に直虎は、

(私は意外と、悲境に強いのかもしれない)

という感覚を持った。そして、

(確かにそうだ)

という自信も湧いてくる。だから彼女は井伊家の今までのどちらかといえば、暗く悲しい歴史をいくつもこれでもかこれでもかと味わされても、一向にびくともしなかった。逆に、

(よし、それならこれを跳ね返してやろう)

というような反発心や、

(この悲境をバネにして、逆に力強い頼りにできるものを生んでみよう)

という前向きの考え方を感ずるのであった。

女当主誕生

南渓和尚たちからの話では、いつまでも直虎を井伊家の当主として立てて行くというのではない、殺された直親の子虎松を次の宗主にする。それまでのいわば〝つなぎ〟と

して、直虎に女宗主の座を守ってもらいたい、というのが南渓和尚をはじめ、井伊宗家を大事にしたい人々の願いであった。尤もな話である。直虎はその辺を正確に理解した。だから彼女は、

「私が宗主を務めるのは、あくまでも虎松が成人するまでのつなぎだ」

ということはよく理解している。それもいい加減に手を抜いたつなぎではなく、直虎自身は、

「今まで類例のないつなぎになってみせる」

という意気込みを、この先祖が生まれたという井戸のほとりでしっかりと心に固めたのである。そう考えると、

「女性として井伊家の当主になる」

ということが、今までになく楽しく明るくそして希望に満ちた仕事に思えてきた。今の尼の立場で、ただいたずらに死んだ直親の菩提を弔う、という消極的な仕事とは全然違う。

「この井伊谷の歴史と伝承が、他の地域に見られないような、神秘性と誇りに満ちたものであることを、改めて自分の口から住民たちに告げ、住む人々に特別な自信を持たせることに役立ちたい」

という気持ちが、ふつふつとして湧いて来たのである。そしてそのためには、

◎　今自分が繁く訪ねて来るこの井戸を〝聖泉〟として位置付ける

◎　したがって、この井戸を囲む地域は井伊谷にとっての〝聖地〟とする

◎　井伊谷に住む人々は、この井戸を聖泉として仰ぎ、同時に聖地として大切に保全する責務を負う

◎　その主導を行うのはあくまでも井伊宗家である

◎　したがって井伊宗家は、この聖泉と聖地の守護者である

という考え方をはっきりと打ち立てた。

おそらくこの井戸に対する崇敬の念は、歴代の宗主をはじめとして、地域の人々も保って来たに違いない。それはしかしあくまでも聖泉を、

「地域の守護者とする」

という考え方に基づいたものだろう。言ってみれば地域に住む人々は、聖泉にすがって来たのだ。頼って来たのだ。それを直虎は逆転させようと考えたのである。逆転させるということは、

「聖泉や聖地に守られるのではなく、逆に井伊宗家を中心にした今生きる人々が、この聖泉と聖地を守り抜くという、守護者の立場に立つ」

ということなのである。

こう考えるまでの直虎は、どちらかといえば、

「守りの立場」

にいた。地域の人々が守護者として守る、聖泉と聖地にすがるような気持ちで生きてきた。龍潭寺にいる南渓にしても、おそらくその範囲内で物を考えて来たのではなかろうか。直虎が今悟ったように、

「聖泉のある地域を聖域として、守り抜く」

という考え方の枠内にいたはずだ。それを直虎は新しく、

「聖泉と聖域の守護者として生き抜こう」

という、前向きの積極性を持った考え方に基づこうと覚悟したのである。

（そうすれば、この趣旨によって私を女城主として軽んずるような連中も、有無を言えないような境地になるだろう）

と、直虎はすでに自分が井伊谷城の城主になったつもりで、新しく生んだ考え方の条理を組み立てたのであった。そのことは、女性として受身的に女城主の座を引き受けるのではなく、

「自分の方から積極的に乗り出して、女城主の責務を果たして見せる」

という自覚であった。ただ直虎はそうはいうものの、

「私のこの考えは、跡を継ぐ虎松に全面的に注入する。虎松も必ずこの考え方を守ってもらいたい」

と思っていた。

直虎が不思議に思うことは一つあった。それは、かつて虎松の父直親を今川家に讒言して今川氏真にこれを信じさせ、弁明のために駿府に向かう直親を、掛川城主朝比奈が殺すという、企てを立てた密謀家の家老小野道好が、今回の件については全く異論をはさまなかったことである。つまり、

「井伊家宗家の当主に、次郎法師をお迎えする」

という決定についても、何も言わずにそれを受け入れた。むしろ、それを歓迎するような色を示した。南渓和尚の説明にも、最後まで否といわずにむしろ微笑をもって案を受け入れた。直虎にはそれが不思議で仕方がない。

(本来なら、そんな案には真っ向から反対し、場合によってはそういう立場に立った自分を、暗殺しても不思議ではない小野がなぜ容認したのだろうか)

ということは、現在も直虎が不思議に思うことであった。

しかし考えによっては、家老の小野にとっては、

（井伊治政を思いのままに行える）

と思ったからかも知れない。

しかし現実の小野道好はそんな人のいい人物ではなかった。かれは南渓和尚の提言を黙って聞いた。そして、

「直虎様を井伊家の宗主にする」

という決定にも異議を唱えなかった。というのはすでに野心があった。野心というのは、

（直虎が宗主になったら、すぐこれを武力で追って、おれが宗家の責任者になる）

という野望を持っていたからである。しかしいきなりそんなことをすれば、今川家からも疑われるし、また井伊谷近辺の井伊一族とその分家たちから総スカンを食うことになる。ずるい道好は、

（それまでは、じっと息を潜めて理解者のふりをし、直虎の治政をじっくりと見よう）

と考えていた。言ってみれば追いつめた鼠《ねずみ》をなぶりながら、いずれはこれを食ってしまおうという猫のような魂胆だった。直虎に関わりのある直満や直義を、今川家で誅殺《ちゅうさつ》させた一族の小野道高は、天文二十三（一五五四）年に死んでいた。だからこそ、信州に退避していた直親が再び井伊谷に戻れたのである。

そんな小野道好の野望を知ってか知らずにか、直虎は完全に、

（井伊家の当主になろう）

と気持ちを固めていた。気持ちが定まると、頻繁《ひんぱん》に訪ねる聖泉の井戸から、よく赤ん坊の泣き声が聞こえた。はじめは気にしなかった直虎も、自分が行く度に井戸の底から赤ん坊の泣き声が聞こえてくるので、やがて訝《いぶか》しげな気持ちを持った。ある日はっと気がついた。それは、

（この井戸のほとりに捨てられていたという、井伊家の祖共保様の泣き声ではないのか？）

ということである。そういう疑問を持つと、小さな疑いだったその考え方がどんどん大きくなった。やがて疑いではなく確信になった。

（共保様が、井伊家を継ぐ私に語りかけているのだ）

と感じた。時を隔てて、しかも赤ん坊が何かを語るなどということは想像もできない。しかし直虎にはその赤ん坊の泣き声が、自分に何かを訴えていると思えた。何度も訪ねては、井戸の底から聞こえる泣き声に耳を傾けているうちに、直虎はこう考えた。

（共保様は虎松を私に育てよとおっしゃっているのだ）

そう思った。そしてこの感じ方は間違いないと確信した。そう考えると直虎はなおさ

ら井伊宗家を継ぐことに継ぎ甲斐を感じた。

（たとえ女城主であっても、虎松を育てることによって、井伊家の血統をきちんと守り抜ける。それがわたしの役割なのだ）

そう確信した。そこで井の底に向かい、

「共保様、ご安心くださいませ。虎松は必ずわたくしの手で見事に育てます。そして私の跡をきちんと継がせます。お約束します」

その声が届いたのだろうか、その時は不思議に井の底の赤ん坊の泣き声が絶えた。直虎は、

（井の底においでになる共保様と、お話ができた）

と、時を隔てた意思の交流が成功したことを喜んだ。

直虎は龍潭寺に戻ると自分の考えを南渓和尚に話した。南渓和尚は喜んだ。直虎がそこまで深く井伊家のことを考えてくれたことに、胸を温めたのである。したがって、直虎の願いをすぐ聞き入れた。

「すぐ虎松をこの井伊谷に連れ戻そう」

と約束した。虎松はまだ鳳来山《ほうらいさん》に退避していた。忠臣の新野親矩が何くれとなく面倒を見ていた。

直虎のところに待ちかねた虎松を連れて来たのは、意外にも虎松の母親だった。直親の妻で奥山朝利の娘である。はじめて会ったわけではなかったが、直虎には感慨深いものがあった。虎松はその母親の側にきちんと座り、つぶらな澄んだ目で直虎を見つめている。

「これからは、このお方がおまえの母上のように面倒を見てくださるのですよ」

といわれて、虎松はきちんと直虎に挨拶した。

「どうか、よろしくお願いいたします」

健気《けなげ》なその挨拶に、直虎は思わず胸を熱くした。じっと虎松を見た。胸の中で、

(ほんとうなら、この虎松はわたしが生むはずの息子だった)

そんな思いが突き上げてきた。胸の熱さがそのまま体の中を駆けあがり、瞼《まぶた》まで達した。思わずその思いが涙となって迸《とばし》り出ようとしたが、直虎はぐっと堪えた。そして、

(直親様、あなたのお子様を今度はわたくしがお預かりしますよ。必ず立派に育て上げます。そして、私の跡を継がせます。その日が一日も早いことを、あなたもあの世から温かく見守ってくださいな)

と、きっと今日の光景をどこかで見ているに違いない懐かしい直親に呼びかけた。

井伊谷探訪　**井伊共保出生の井戸**

龍潭寺の総門から県道をはさんで南四、五〇〇メートルの所にある。民家の間を案内標識に従って入ると田畑地の一隅に低い白塀で囲まれた一角が見える。これが井伊家初代共保生誕の伝承を持つ「井伊共保出生の井戸」である。寛弘七年（一〇一〇）、現在の龍潭寺のあたりに井伊氏の氏神の八幡宮があり（その後、渭伊神社に遷座）、その井戸の中から出生し（井戸の傍らに捨てられていたとも）、龍潭寺で産湯をつかい養育されたという。この地の「井」「井水」「湧水」に深い関わりを持つ井伊氏ならではの伝えで、本文で直虎が折に触れて心に浮かべる「聖なる井戸」である。

小さな区画の正面には瓦をのせた小さな門。白い塀が四方を囲む。門を入ると右手に苔むした古い墓石様の石塔。これは墓石ではなく八幡宮の御手洗井戸を示したもので、右から「八幡宮」「井伊氏祖備中守藤原共保出生之井」「御手洗」の文字が三行に刻まれている。左手には「祖霊の地」の石碑、さらにその隣に石柵で囲んだ「井戸」がある。これが伝説の「井戸」で、上から見れば確かに井伊家の家紋「井桁」（井筒）である。井伊家のもう一つの家紋「橘」は、共保出生のおり、この井戸の傍らに橘があったことからともいう。

【道しるべ】▼静岡県浜松市北区引佐町井伊谷一九八九　▼遠鉄バス「神宮寺」下車徒歩約十分

井伊谷探訪　**井伊谷宮**

龍潭寺に接して建つ神社で、南北朝時代井伊氏に迎えられ、この地で死去したと伝えられる宗良親王を祀っている。といっても創建は明治五年（一八七二）と新しい。鳥居をくぐると、重厚な造りの拝殿が落ち着きのある佇まいで現れる。社殿の背後には宗良親王の墓所があり、墓は西向き、つまり京都の方角に向かって建てられているという。現在は宮内庁の所管地なっていて、入ることはできない。

神社の創建は、明治維新後、旧彦根藩主井伊直憲が政府にこの神社の建立を請願したことに始まる。折からの建武の新政顕彰の流れもあり、明治二年に創建された鎌倉宮などに次いで造立が進められ、龍潭寺塔頭の跡地に建立。当初は「宗良親王御社」とされていたが、のち井伊谷宮と改めて今日に至っている。造営工事の実務、費用はすべて井伊家が担ったという。例祭は九月二十二日。

宗良親王の墓所の南側から龍潭寺の裏側に出られ、井伊家墓所を経て本堂に向かえる。また、正面鳥居の手前には、全国でも珍しいという「日本絵馬史料館」があり、江戸時代の小絵馬、全国社寺の授与絵馬、現代縁起絵馬、大絵馬などが収蔵・展示されている。

【道しるべ】▼静岡県浜松市北区引佐町井伊谷一九九一－一　▼遠鉄バス「神宮寺」下車徒歩十分

スポット　**後醍醐天皇と宗良親王**

元弘元年（一三三一）後醍醐天皇が鎌倉幕府の倒幕を画して挙兵した元弘の乱が生起する。だが、ほどなく鎮圧され、後醍醐帝は隠岐島に配流。しかし、帝は翌年隠岐を脱して伯耆船上山で挙兵し、足利尊氏、新田義貞らがこれを援護して北条氏を滅亡に追いやり、鎌倉幕府は崩壊する。

後醍醐帝はこののち「建武の新政」と呼ばれる天皇親政を始めるが、やがて足利尊氏らの離反を招いた。新田義貞、楠木正成らの後醍醐派は尊氏の追討を試みるが、結果は敗北、尊氏の元で新たな幕府が開かれた。後醍醐帝は吉野に逃れて朝廷（南朝）とし、南北朝時代がはじまる。後醍醐帝の皇子たち、尊良親王、恒良親王、宗良親王らは各地に赴き、南朝方への支援を求めたが、劣勢を挽回できないまま、暦応二年（一三三九）後醍醐帝は崩御する。

宗良親王が井伊谷に現れるのはこのころで、はじめ陸奥国府を目指したが乗船した船が遠江で座礁したため、井伊谷の井伊氏を頼り、三岳城に入る。この地での井伊氏の戦い、宗良親王の動きは本文に詳しいが、三岳城落城後は越後、越中を経て信濃に落ち着いている。この後も二度わたって挙兵をしているが成功はおぼつかず、南朝の衰微は確実になった。晩年は『新葉和歌集』の編纂に励み、この歌集は勅撰集に準ずるものとされた。最期の場所は井伊谷のほか、信濃大河原、美濃坂下など多説がある。

三、城主直虎の入城

今川からの「徳政令」

永禄八（一五六五）年に、直虎は正式に虎松の後見人となり、井伊宗家の当主となった。この時、

「どこに住むか」

ということが一つの問題になった。この話が出た時から直虎は、

「龍潭寺にそのまま置いてくださいませ」

と、南渓に頼んでいたからである。南渓はちょっと眉を寄せたが、無理に直虎に宗主の座を引き継がせたので、

「已むを得ませんな」

と承諾した。だから南渓は今も直虎がそういう気持ちを持っているものだ、と思っていた。ところが違った。直虎は、

「井伊谷城に移ります」

と告げた。南渓やその時同席していた人々は目を見張って顔を見合わせた。

「城へ移ると言われるのか?」

念を押すように聞き返す南渓に、直虎は頷《うなづ》いた。

「女の身でも、城主でございますからお城に参ります」

といった。なぜ自分の気持ちがそう変わったかは話さなかった。はっきりいえば、直虎が井伊谷城へ移るというのは、これから育てる虎松のためなのである。虎松は自分の跡を継ぐ歴《れっき》とした男性の城主だ。それが隠居所めいた寺の中で毎日を送ったのでは、やはり武将としてのモラール（やる気・戦意）があがらない。

これはしつけだ。しつけは、〝環境〟の影響が強い。城の中で育てれば、武将としての基本的なしぐさを嫌でも身につける。城の醸し出す雰囲気がそうさせる。それをお寺の中で静かに暮らしていれば、思索力は深まるかもしれないが、すぐ戦場へ出て行くような勇気は育たない。その辺を直虎は心配したのである。

だから虎松を自分の手で育てようと心を決めた時から、

「城主としての居場所は井伊谷城だ」

と決めていた。別に言葉に出さなくても、その辺の心境の変化は南渓にはよくわかる。

目に慈愛の色を浮かべて、静かに直虎を凝視した。直虎も南渓の愛情を感じて、目で頷いた。

この席には家老の小野道好もいた。直虎は小野に言った。

「小野様、直ちに駿府に赴《おもむ》いてこのことを今川様にお伝えください」

「かしこまりました」

まだ腹の底を見せない小野は微笑んで頷いた。眼の底にきらりと光る物があったが、直虎には何の事だかわからなかった。しかしたとえわからなくても、

(このまま、自分の考えを押し通す)

と思っていた。小野はすぐ東海道を駿府に向かって旅立って行った。南渓は、

「どうも腹の底が読めぬ。あの男のことだから、このまま済ませるとは思わぬが、直虎殿、いろいろと面倒が起こるかも知れませんぞ」

「覚悟をしております」

直虎は頷いた。駿府へ行った小野は間もなく戻って来た。すでに井伊谷城に移っていた直虎の前へ出

井伊谷城御所丸跡（浜松市）

ると、

「駿府のお館様（今川氏真のこと）も、この度の井伊谷城主御相続の儀は、たとえ女性であられても御方（直虎のこと）様の御気性よくご存じで、それはよい相続をしたと御悦びでございました。つつがなくご承認になりましたので、どうぞご安堵くださいませ」

と丁重に述べた。直虎は、

「それは重畳《ちょうじょう》。御苦労さまでございました」

と微笑みながら労をねぎらった。が、小野はすぐその後で、

「お館様の御親書をお預かりして参りました」

といって、一通の書状を差し出した。受け取って読むと、

「井伊谷領においても、徳政《とくせい》を実行せられたし」

と、今川氏真の名前で書かれていた。命令書だ。直虎は思わず眉を寄せた。胸の中で、

（すぐ難題を寄越した）

と感じた。そして同時に、

（これが小野の本当の目的だったのだ）

と悟った。小野は駿府から戻って来て、

いていたに違いない。

「お館様の御親書です」
と言ったが、そこに書かれた文章の案はすでに小野が井伊谷を出発する時から胸に抱いていたに違いない。

「徳政」というのは、一言でいえば〝借金の踏み倒し〟のことだ。城下町の商人が城の武士や農民に対して金を貸す。商人の多くは、城主と結びついた特権商人である。したがって、当然城主に対して賄賂《わいろ》を贈る。城主が全てを懐に入れるわけではないが、その賄賂（上納金）によって城の財政はかなり潤される。このシステム（貸金）は、城の財政にとって欠くことのできない一要素になっていた。

それを踏み倒すということは、城の武士と農民にとって大変有難い話だ。しかし貸主である商人にとっては大打撃になる。にもかかわらず、各地の大名や武将はしばしばこの〝徳政〟を行った。泣きを見るのは商人だが黙殺する。

「どっちを選ぶか」
という二者択一の立場に立った時、城主としてはやはり身近なところにいる家臣たちを救い、また年貢負担者である農民を救うことの方が、金を貸した商人を救うよりもはるかに益が多かったからである。親書を読み終わった直虎は、
「有難いお土産です。小野殿も辛かったでしょう」

と声を掛けた。小野は何とも言えない複雑な表情を浮かべた。小野自身は、城下町商人との結びつきが深く、立場は難しかった。徳政が行われれば、商人から金を借りている小野も一時はほっとする。しかし、借金とは別に常に上納金を受け取っている身であれば、やはり商人たちを簡単に突き放すわけにはいかない。第一商人たちが騒ぐ。だから小野にとっても、今川氏真が寄越した徳政実行令は、迷惑といえば迷惑な指示書であった。

しかし小野にすれば、かれは、

「井伊家を完全に今川家の家臣にしよう」

と考えていたから、今度の徳政令実施は、そのひとつの手段であって、

「この際、井伊家の財政基盤を目茶苦茶にしてしまおう」

という企てである。井伊家が管理している武士や農民の借金を帳消しにすれば、次のような現象が起こる。

◎　城の武士や年貢を負担している農民は喜ぶ。しかし反対に、金を貸した商人たちは困惑し、井伊家の当主に対して恨みを持つ

◎　そうなると、感謝した井伊谷城の武士や農民たちは、恩人である今川家に心を傾けて行く

◎　反対に、借金を帳消しにされた商人たちは怒り、井伊家の当主を恨む

◎　そして目ざとい商人たちは、〝力の所在がどこにあるか〟ということを知ると、当然その実力者に心を傾ける
◎　おそらくその直後から、井伊谷の商人たちの関心は駿府の今川家に向き、先を争って今川家御用を達すべく競い始める
◎　いずれにしても、城の武士と農民がまず井伊家から心が離れ、本来徳政令を出した源の今川家を恨むはずの商人たちも、その権力の大きさを知って、これに傾き協力した方が、自分たちの利益になると考え、一斉に競って駿府城下に駆けつけて行く
◎　こうなれば、井伊家の財政基盤は完全に崩壊する。いやでも、今川家に頼らざるを得なくなる
◎　そうすれば、井伊谷で保って来た井伊家とその一族の、いわゆる〝自治の力〟は崩れ、今川家の家臣として生きなければならなくなる

ざっと辿れば、こういう経過予想が小野が立てた企てであった。

井伊谷城には、小野の他に〝井伊谷三人衆〟と呼ばれる重役たちがいた。いずれも所属は今川家だ。が、

「井伊家に与力せよ」

と氏真に命ぜられて井伊谷に派遣されていた。与力というのは普通は〝補佐役〟のこ

とだが、三人の場合はそうではなく、

「井伊谷の当主を監視せよ」

といわれた目付役であった。具体的には、近藤康用《こんどうやすもち》・菅沼忠久《すがぬまただひさ》・鈴木重時《すずきしげとき》の三人である。

井伊谷三人衆と直虎の決断

すべて今川家に籍を置いてはいるが、このうち菅沼と、特に鈴木は井伊家との縁が深い。近藤だけが、純粋に今川家の家臣だと言っていい。しかしその近藤も、徳川家康との縁が深かった。これが、これから後の三人の行動を複雑にする。

鈴木重時は、姉が井伊直満の妻だったので、虎松の父井伊直親は甥にあたる。したがって、今川家の指示を受けて、井伊家の動向を常に報告しながらも、その心理は複雑だった。どうしても心情的には井伊家に傾いてしまうからである。今度女性の直虎が井伊宗家を継いだ時も、鈴木はほっとした。そして心の中で密かに、

（直虎殿を補佐しよう）

と、監視役ではなく逆に補佐役としての「与力」の職務を認識した。

井伊谷三人衆の墓がある龍潭寺の墓地（浜松市）

菅沼忠久は、一族の菅沼定盈《さだみつ》からしきりに、

「もう義理は果たしただろう。今川家を早く捨てろ。徳川殿に仕えるべきだ」

と勧誘されていた。次第にその気になりつつあった。そしてかれは、

「おれが今川家を捨てるときは、近藤も鈴木も誘って行動を共にさせよう」

と密かに考えていた。

直虎主催による御前会議が開かれた。いうまでもなく議題は、

「今川家から指示された徳政を、この際行うべきかどうか」

ということである。家老の小野は真

先に、

「行うべきでございましょう。新たに井伊宗家の当主におなりになった直虎様の、今川家に対する忠誠心の現れになりましょう。きっと、駿府のお館様もお喜びになると思います」

といった。ところが三人衆の方は煮え切らない。こもごも胸の中で思案していた。近藤も鈴木もすでに菅沼から、

「徳川家康殿にお味方しよう」

と声を掛けられている。次第に勢威（ステータス）を失いつつある、今川家に籍を置いているよりは、メキメキ東海地方で頭角を現し始めた、徳川家康の方がはるかに頼りになるからだ。この辺は戦国の風潮で、

「より頼りになる大樹の陰に身を置く」

ということはやむを得ない。実際には近藤も鈴木も今川氏真を見放していた。そうなると、今度のこの徳政令の扱いも簡単に、

「はい、そうですか」

と今川氏真の指示に従うことがいいか悪いか、は自分たちの損得とも関わりがある。従えば、井伊家は財政破綻に陥る。しかし従わなければ、今川は怒るだろうが、自分た

ちが味方しようとしている徳川家康は喜ぶ。三人衆の腹が、小野とは違って、

「井伊家をそっくり徳川家康公のお味方にすれば、われわれのよい土産になる」

と考えていた。だから、その場合に徳政令の実行不実行が、大きく影響するのである。

会議は長引いた。結局、三人衆の反対意見によって、

「徳政令の実行はしばらく見合わせる」

という結果になった。直虎は満足した。

（これで、微力でも今まで井伊谷に伝わって来た井伊家の自治制が保てる）

と思えたからである。

ふくれっ面したのは小野道好だった。まさか井伊谷三人衆が反対するとは思わなかった。なぜなら彼らは今川家の忠実な家臣だからだ。井伊谷城に身は置いていても、本籍は全て駿府にある。今川氏真もそれを信じて、今度の指令を出したのだ。それが、肝心な三人が反対にまわった。小野は孤立した。腹の中が煮えくり返った。

（このことは即刻駿府のお館様に報告し、三人衆に対しても罰を与えてもらわなければならない）

と考えた。小野にすれば予定が狂ったのである。こんな伏兵がいるとは思わなかった。

そこで小野は、

「最早三人衆は当てにならない。かれらは怪しい。密かに徳川に通じたのかもしれない。油断がならない」

と考えて、井伊谷城で孤立したことをはっきり認識しながらも、駿府の今川氏真に対する工作を必死になって行い始めた。すぐには結果が出なかった。それは、駿府からの井伊谷地域での徳政実行指示の話は、漏《も》れに漏れていた。したがって、城下町の特権商人たちは、

「女城主様がどうなさるか」

と、その帰趨《きすう》を体中を緊張させて見守っていたからである。その結果は、

「井伊谷における徳政実行はしばらく見送りになる」

という城の決定が流れたので、貸主たちは一斉に喚声を上げ、祝杯をあげた。一息つけたからだ。

小野の立場は微妙になった。徳政実行の延期は、かれにとっても有難い決定だ。商人たちの攻撃を受けずに済むからである。しかし肝心の今川氏真は怒った。

「何とかしろ。そんなこともお前は出来ないのか」

と激しく叱責《しっせき》した。小野も腹を括《くく》らざるを得なくなった。それはいうまでもなく、

「女城主の直虎に、あくまでも徳政を実行させる」

ということである。この小野の必死な政治工作が二年目に実った。次の文書がそれだ。

祝田郷徳政の事、去る寅年御判断形を以て仰せ付けられ候と雖《いえど》も、銭主方難渋せしめ、今に落着無きについて、本百姓訴訟せしむるの条、先の御判形の旨に任せ申し付くる処也。前々の筋目を以て、名職等之を請け取るべし。縦い銭主方重ねて訴訟を企つると雖も、許容すべからざる者也。仍て件の如し。

永禄十一辰十一月九日

関口氏経（花押）

次郎直虎（花押）

祝田郷禰宜　其外百姓等

この文書は、業を煮やした小野が今川家に働きかけて、重臣である関口氏経の脇に、直虎の名を書かせて、管内の祝田郷の責任者に対し出した指示書だ。もちろん、これは祝田郷だけではなく、井伊谷城主の直虎が管理する諸郷にも指示書が出されている。次郎というのは、

「井伊家の惣領」

という意味である。直虎は屈服したのだ。小野の工作が勝ちを占めた。この文書を読んでも、

「貸し手が非常に難儀をしている」

ということと「金を借りた本百姓が訴えを起こしている」ということが書いてある。しかし徳政の目的は、

「銭主方〈貸主〉を困らせ、金を借りた百姓たちを救うこと」

なのだから、今川家が直虎に命ずるのは、

「借手の救済」

である。にもかかわらず、直虎が小野が持って来た今川氏真の指令書を握り潰し、しばらくお蔵にしていたのが、二年後になってこういう結果を生んだ。つまり屈服したのだ。直虎にとっては屈辱極まりなかったが、しかし彼女はもともと前向きの女性だ。落ち込まなかった。むしろ、

（二年という短い年月ではあったけれど、井伊谷に伝わって来た井伊家の伝統、つまり地域の自治を守り抜いたのだ）

という自信に溢《あふ》れていた。二年間女城主として主筋に当たる今川家の指示に背いたことを、直虎は誇りに思った。

が、その誇りも長くは続かなかった。小野が怒って、

「主筋に当たる今川家の指示に背いた」

という罪を鳴らし、部下を率いて井伊谷城を乗っ取り、城主である直虎と後見する虎松を城から追い出してしまったからである。

しかし、直虎は前に書いたような誇りで胸を満たしていたから、悠々として城を出た。当面、龍潭寺へ居を移した。実をいえば、この頃〝井伊谷三人衆〟は、別に行動を起こしていた。簡単に言えば、

「徳川家康軍を井伊谷に引き入れる」

ということである。三人衆にとっても二つのことを一度には出来ない。すなわち、一方で徳政令の実行を止めながら、徳川家康を導き入れるということはできなかった。したがって、直虎に対しては、

「申し訳ございませんが、徳川様をこちらへお連れするまでにちょっと時間が掛かり

ます。その間、極力徳政令の実行をお延ばしいただいて、井伊谷の伝統をお守りいただきとうございます。われわれも、心を揃えて、一日も早く徳川様をこちらへお連れ致しますから」

と告げた。この辺は、城主としての直虎の判断になる。そして判断はそのまま決断につながる。直虎は承知した。たしかに徳政令実施によって混乱が起こっていた。城の武士たちは喜んだ。それも特に下級武士が、

「女性ながら、今度の城主はわれわれの身を心配してくださる」

と賞賛した。年貢を納める百姓たちも同じような感謝の念を持った。かれらは自分たちの暮しをただ豊かにし、贅沢な生活を送るために金を借りているわけではない。年貢の率からすると、手元に残る米も来年の種籾《たねもみ》を除くと、ほとんど米の飯など食えない。だから、麦や稗《ひえ》を一緒に生産して、それを食べる。その意味では、直虎もその実態を知っているので、

（徳政令の延期は、農民たちには本当に済まない）

と思っていた。困窮した農民たちは農作のために商人から金を借りるのだ。しかし、それが返せないと、担保にした土地を取り上げられてしまう。徳政令はそれを解消するための策でもあった。

「全てが満足する」

などという方法がある訳がない。一方を助ければ、一方を苦しめる。

「どっちを助け、苦しめるか」

ということが、こういう場合の〝二者択一〟の難しさで、トップに立つ者が、

「涙を振るって決断しなければならない事例」

になるのだ。

だから、一旦借手を助ける意味の徳政令を延期したことによって、商人たちは喜んだ。しかし、今川家の督促によって二年後に徳政を実行したことは、今度は貸主である商人たちを苦しめた。しかし、そうなれば、城の武士と農民は直虎の味方になる。商人だけが背を向ける。

しかしその商人たちも時代の空気を読むのに敏感だ。かれらは、

「かれらを支配する本当の権力者は誰か」

ということに気がついた。揃って、

「それは駿府の今川様だ」

と言い合った。そうなると彼らはすぐ行動する。先を争って駿府へ赴き、今川家に取り入った。そして駿府の賑わいを見ると、

「これはちっぽけな井伊谷でうろうろしているよりも、駿府に来て直接今川様の御用を果たした方が、われわれの利益になる」

と思い込んだ。思い込んだだけでなく、直ちに実行に移す者が沢山いた。

こういう混乱状況を、直虎は井伊谷三人衆の留守の間にテキパキと処理をしていた。その処理の仕方が鮮やかで、井伊谷城の武士たちも城下町の庶民も農民も、一様に、

「あの女城主様はすごい」

と、直虎の手腕に目を見張った。具体的に徳政令延期の時には武士や農民に、実施の時は商人に誠心をこめて説明したことだ。説明には伝統的な井伊谷の特性（自治）を論拠にした。徳政令を実行された商人たちでさえ、

「女城主様は油断ができない。なかなかのやり手だぞ」

と噂し合った。

家老小野の思惑

数々の苦難の道を越え、谷を渡り川を渡った直虎ではあったが、しかしその直虎の行

動力を、じっと蛇の目で凝視していたのが家老の小野道好だ。直虎の相続を主家である今川家に報告し、その了解を得て彼自身も、

（しばらくお手並み拝見だ）

と考えて、直虎の動きをほとんど黙認していた小野ではあったが、かれの野心が消えたわけではない。かれはあくまでも、

（井伊谷を今川家に献上しよう）

と思っていて、

（その時までに、井伊谷をおれが支配する基盤をつくらなければならない）

と、妙な今川家への忠誠心を心の底に鎮めていた。そして、徳政令の二年延期に対し、

「これは明らかに直虎の今川家に対する反逆だ」

と断じた彼は、たちまち武力行動に出て城を乗っ取ってしまった（永禄十一（一五六八）年十一月）。が、その小野も安泰ではなかった。というのは、

「井伊谷三人衆が、徳川家康を遠江に導き入れようとしている」

という噂が、次々と入って来たからだ。かねてから井伊谷三人衆を警戒の目で見ていた小野は、

（あり得る話だ）

と、その噂を〝火の無いところに立った煙〟とは思わなかった。

「火が燃えたからこそ噂が立ったのだ」

と、三人衆の反乱の噂を事実として信じた。その三人衆は不在だが、その息の掛かった豪族がまた、

「女性ながら、井伊谷によい治政を行っている」

と、直虎の政治を評価する者もいる。別に、群れを為してそういう連中が集まっているわけではないが、散在している方が却ってやりにくい。まとめることが出来ないからだ。こっちの反乱の芽を摘んだと思うと、あっちでまたモグラ叩きのようにボコボコと頭をもたげる。いちいち相手にしていたら疲れてしまう。事実小野は疲れはじめていた。

しかしかれの今川思いは本物だった。彼にとっては、

「井伊谷が生きて行くのには、やはり今川という大樹にすがらなければ駄目だ」

ということは、固定観念として彼の心の底にはっきりと根付いていた。それこそ、心の中にそそり立つ大樹のようなもので、簡単には切り倒せない。小野自身は、

「わしはこの信念に基づいて生きていくより道はないのだ」

と信じている。こういう自己信仰に似た考えは、その人間のやる気起こしに多大な影響を与える。つまり、動機づけ（モチベーション）になる。

したがって、小野の怒りと憎しみの対象は直虎一人に絞られた。彼にすれば、

「おれの口利きで直虎は井伊谷城主になれたのだ。その恩を忘れて、おれに楯突くとは何事だ」

と、直虎の行動を憎む。それが伝わるから、井伊谷城を明け渡して一旦は龍潭寺に退避はしたものの、直虎自身は安心はしていなかった。

が、直虎は〝向日性《こうじっせい》〟の女性だ。向日性というのは、常にかぼちゃのツルか向日葵《ひまわり》の花のように、

「太陽の光を慕って歩いて行く」

というものだ。直虎はこれを何度も経験した。そのうちに、さらに一歩進めて、

「私は太陽の光に向かって歩いているのではない。私の歩いている方向にお天道様が光を当ててくださるのだ」

と思うようになった。絶大な自己信仰だ。しかし、直虎は小さい時から苦労しているのでその自分の性格を信じ、

「何も怖《おそ》れることはない」

というような過大な自信は控えた。そうではなく、苦難に遭遇した時にも、

「この苦難は初めてではない。かつて経験がある。そして今までは必ずその苦難を克

服してきた。今度の苦難も必ず克服できる」

という、苦難に対するチャレンジ精神を絶やさないということだ。物事に対して積極的にぶつかる、という気力と勇気は、常に泉のように心の底から湧いて来た。自分の立場を考えると、

（私がそうしなければ、周りの者も一緒に滅びてしまう）

という責務感を感ずるからである。この辺は、女性ながら直虎が、

「生まれながらのトップリーダーの資質」

を持っていたことを物語る。トップリーダーの資質というのは、情報の収集・その分析・問題点の摘出・解決策の考察・選択肢の設定・その中から一番良いものを選ぶ決断力・実行力などの条件のことだ。これを直虎はすべて備えていた。はじめからそうだったとは思えない。しかし苦難に嗣《つ》ぐ苦難を経験しているうちに、一つずつ、

「生きて行く上で必要な条件」

として、自ら発見し、努力の末身につけて来たものなのである。

　その意味で、小野道好に井伊谷城を乗っ取られてしまったが、ただ龍潭寺に避難すれば済むということではなかった。やはり、

「虎松の安全を図らなければならない」

ということが一番頭の痛い問題だった。直虎は避難するとすぐ龍潭寺住職の南渓和尚に相談した。

「和尚さま、虎松をもう一度鳳来山に預けようと思いますが」

「それはよい考えだ。わしも虎松のことを案じていた。そうしよう」

南渓はたちまち賛成した。永禄四（一五六一）年に生まれた虎松はこの時、数えで八歳である。が、虎松も直虎と同じように、苦難の荒波に揉《も》まれて来たので、その年にしてはかなり大人びた感覚を身につけていた。特に、

「今、自分はどういう波の上に身を置いているか」

という、〝時代の空気〟を読むことに長けていた。しかも、

「では、自分はどうすればよいか」

という〝その波に応じた身の処し方〟を、直ちに感知する能力を持っていた。直虎はそういう虎松に接していて、

（この子は、直親様に劣らぬ大将としての才幹を持っている）

と、いつも頼もしく感じていた。そうなると、ついに一緒になることが出来なかった故直親の面影が胸の中に浮かんで来て、その度に、

「直親様」

と、心の中で呼び掛ける。そしてそういう時の直虎を救ってくれるのは、訪ねることが多い例の聖泉を湧かせる井戸である。あの底から聞こえて来る遠祖共保の泣き声だ。実際の共保はいつまでも赤ん坊でいたわけではない。成人して立派に井伊家の祖となった。

しかし直虎にとって一番親しみ深いのはやはりあの井戸の底から聞こえて来る赤ん坊の泣き声であった。その泣き声もこの頃は赤ん坊ながら何かの意思を伝えてくる。メッセージを送って来るのだ。この頃では、共保の泣き声は常に、

「直虎、頑張れ、しっかり頼む」

という励ましの言葉である。

こういう直虎の行動には、家老小野の放った隠密が終始監視の視線を注いでいた。しかし直虎は別に隠密行動ばかりとっているわけではない。堂々と自分の考えを行動に移している。

小野は直虎憎しの念を胸の中で炎のように燃やしていたが、うっかり手が出させなかった。それは、

「女城主直虎様」

の盛名が、近頃は井伊谷全体に広まってしまったので、何か手を出せばたちまち反撃

の空気が井伊谷一帯に湧く。いってみれば、世論だ。その世論の壁が厚く直虎を囲み始めたので、せっかく井伊谷城を乗っ取ったものの、それだからといって小野の勢力が不動のものとして井伊谷に確立できたわけではない。むしろ、

「家老のくせに、お城を乗っ取るとは何事だ。直虎様が女性だからといって、バカにしているのではないか」

という反対の空気が、次第に濃くなってきた。小野自身は、別に自分は悪事を働いたわけではなく、あくまでも今川家のために行ったことだという自信がある。そしてさらに、

「そのことが井伊家が生きて行く唯一の道なのだ」

という信念もある。が、実際には誤算だった。小野は次第に焦り始めた。特に、三河国（愛知県東部）に出向いている三人衆の消息が気になった。というよりも、三人衆の勧めによって、

「遠江入り」

を実行するかもしれない、徳川家康の動向が気になったのである。

井伊谷探訪　井殿の塚

バス停「井伊谷」から直近の井伊谷交差点に戻り、国道二五七号線を北に向かっておよそ三〇〇メートル、左折して約五〇メートル、ゆるやかな上り坂の左手下方に、タブの木だろうか、こんもりと枝葉を伸ばした大木が見えてくる。これが「井殿の塚」の場所である。右手上方、城山の東南麓には普光寺の門が見える。この大きな木陰の下に五メートル四方ほどの石柵に囲まれた一角があり、その奥、石積みの塚上に、井伊二十一代井伊直宗の二人の弟、直満・直義の石塔が二基ひっそりと立っている。この兄弟は、井伊氏が今川配下にあった天文十三年（一五四四）、武田に誼みを通じたとして駿府の今川館で殺されたもので、のち、この二人を、井伊屋敷の一隅に祀り、塚上に一本の松を植えて、これを「濫塔の松」と呼んで、大切に保って来たという。今はそれに代わってタブの大木が塚を守っている。案内板によればこの塚の石垣は嘉永五年（一八五二）井伊家十五代彦根藩主、幕府大老の井伊直弼が寄進したもの。近隣の人々が手向けたのか、塚の前に供えられた花が印象的だ。

塚の区域の南面は畑地・宅地で、畑際に花桃の木が何本も植えられている。その季節には、後背の城山の緑、塚を覆うタブの木の大きな木陰とのコントラストが美しい。

【道しるべ】静岡県浜松市北区引佐町井伊谷六〇五　▼遠鉄バス「井伊谷」下車徒歩約十五分

スポット　井伊谷三人衆

永禄十一年（一五六八）徳川家康は武田信玄と今川領分割の「密約」を結んで遠江に侵攻する。この侵攻作戦の初頭で大きな役割を果たしたのが、今川から徳川方に転じた近藤康用、菅沼忠久、鈴木重時の三人で「井伊谷三人衆」と呼ばれる。徳川軍は今川方防備の比較的薄い浜名湖北方を三河から攻略する戦略を取り、三人衆は徳川軍の手引き、道案内を行った。三人衆には予め加増、本領安堵の誓書を与えていたという。遠江に侵攻した徳川軍は井伊谷城（三岳城）、刑部城、白須賀城などの諸城を陥落させ、引馬城に迫り、これを手中にする。同時期北方から武田軍が駿河に侵入し、今川氏真は掛川城へ逃亡。家康はこれを攻め、翌年掛川城を開城させて氏真を追放した。

この後、「井伊谷三人衆」は井伊直政の家臣となるが、近藤康用の子秀用は上野青柳五千石、相模小田原一万石を経て、慶長十九年（一六一四）井伊谷に戻ることを許され、この地で一万五千石を賜って井伊谷藩を立藩する。だが、秀用はその子、一族の五人に所領を分知したため藩は解体し、井伊谷・金指・石岡（花平）・気賀・大谷の「旗本五近藤」体制となった。

一方、菅沼忠久は奥三河の菅沼定盈と同族で、そのため、他の二人の調略を担ったともいう。また鈴木重時は永禄十二年、堀江城攻めで戦死を遂げている。三人の墓は龍潭寺にある。

四、織田と徳川の同盟

信長と家康の政治理念

俗説がある。それは、織田信長が桶狭間で今川義元の首を取った後、今川家はどんどん衰退していった。くりかえしになるが義元の息子氏真は鷹揚な人間で、決して悪人ではないが直ちに父の仇を討とうなどという気力はない。徳川家康（当時は松平元康）が、今までの義理があるので、

「父上の仇をおありなら協力しますよ」

と水を向けたが、曖昧な対応でよい返事をしない。家康は氏真を見放した。だから、桶狭間合戦の後、故郷の岡崎に戻った。しかし義理堅い家康は、すぐ岡崎城に入らなかった。岡崎城にはまだ自分の部下たちを苦しめた今川家の代官がいる。そのため家康は自家の菩提寺である大樹寺に陣を置いて、今川家の代官の退去を待った。やがて代官が駿府へ引き上げて行くと、はじめて城に入った。家康はそういう律儀な人物である。後に、

「律儀な徳川様」

と呼ばれるのもこういう行動を重ねていたからである。

この辺は、八歳の時から十年余今川家の人質として、駿府の町で暮らしているうちに身に付けた処世法であった。かれは何が起こっても決して慌てない。静かに全体を見渡す。そして、

織田信長（東京大学史料編纂所蔵）

「一番良いと思われる方法を決断する」

という才幹に恵まれていた。彼もまた、

「生まれながらにトップリーダーの資質を備えた武将」

の一人だったのである。与えられた機会を失わずに、しかし慌《あわ》てることなく着々とその機会を利用する家康は、桶狭間の合戦後はこういう経過を辿った後に、はじめて岡崎城に堂々と帰還した。

そして、

「今川家から離れ、松平家の当主とし

て独立する」

という態度を示した。その彼に、

「共に天下への事業をやらないか」

と声を掛けてきたのが織田信長である。かつての敵だ。しかし家康は受けた。彼にも、

「これからの世の中はどう変わるか、あるいはどう変わらせなければいけないのか」

という考えはある。武将としての理想だ。そして織田信長と今川氏真を比べた場合、

「信長殿の理念の方が、はるかに民のためになる」

と思っていた。駿府の城下町で人質生活を送る間に家康自身は、

「民の存在」

に大きな関心を持ち始めていた。

大化の改新以来の律令（法令）によって、日本国は六十八（壹岐《いき》・対馬《つしま》の二島を含む）に分類された。それぞれの国は、二文字によって国名が定められた。愛知県は尾張国と三河国の二国が合併されたものだ。その尾張国に、古代からの一つの伝承があった。

「あゆちの思想」

である。今の愛知県の県名の由来だ。それは、

「海から吹いてくる幸福の風が、日本の中部に当たる尾張国に上陸する」

というものである。信長から招きを受けて会いに行った家康は、信長からこの突拍子もない考え方を聞いた。信長は、

「徳川殿、わしはこのあゆちの風を、日本中に吹かせたいのだ」

といった。家康はびっくりした。同時代に生きる武将で、こんなことをいう人間にははじめて会ったからである。信長は、

「これがわしの夢だ」

と、夢見るような表情で告げた。家康はああそうだったのか、と理解した。信長に会ったのは初めてだが、やはり、

（他の武将とは全然違う）

という気がした。私利私欲の欲望の陰が全く感じられなかったからである。この時家康は信長が羨《うらや》ましかった。つまり、

（政治に、そういう夢を持って実現しようとしている進取性がこの人にはある）

と思えたからだ。家康は圧倒された。信長の夢に押しまくられたからである。しかし家康も、これからは岡崎を拠点にして自分も独立した大名になろう、という意思を持っていたので、訊いた。

「それで、このわたしに相談とは？」

た。

「そのことだが」

信長は身を乗り出した。眼が輝いている。かつて、今川家の一武将として義元のために働いていた家康を、そんなことはまるで忘れたように信長は接している。信長は言った。

「このあゆちの風を日本に吹かせるために、わしは西方に向かう」

「……」

話の先が読めないので、家康は黙って聞いていた。信長は続けた。

「徳川殿、おぬしは東へ行ってくれ」

「え」

「わしはあゆちの風を西へ吹かせる。おぬしは東へ吹かせてほしいのだ」

「?」

家康は言葉を飲み込んだ。応えようがない。あゆちの風を東西に分けて、信長が西へ、家康は東へ吹かせようという構想はわかる。が、どこかうさん臭い。長年の人質生活で疑い深くなっていた家康は、はっと気が付いた。

(これは、信長の謀略ではないのか?)

と感じたからである。信長の言い方は綺麗《きれい》ごとだ。美しい言葉で飾ってはいるが、

（結局は、わしを都へ近づけまいという策ではないのか?）

と思えたからである。まだまだ東国は草の生えた荒れ野が多い。この国の言い習わしに従えば、何でも物事は「西高東低」だ。今でいう町のインフラ（基盤整備）も、西の方が相当進んでいる。東国は未開地が多い。だから家康は、

（織田信長はすでに都市の基盤整備が整っている西方を目指し、自分の天下事業を容易にしようと企てているのではないか。そしてうまいことを言いながらも、おれを東国へ追っ払って、自分が天下を独り占めにする気なのではないのか?）

と疑った。信長にそういう野心がなかったとは思わない。しかし、この時の信長は純粋だった。かれは、

「この国の隅々まであゆちの風を吹かせて、住む人々を幸福にしたい」

という願いは　真実のものであり、若かった信長は心の底からそれを信じていた。しかし当時の彼の力の程度では、到底一人ではこの夢は実現できない。

「協力者がほしい、仲間が欲しい」

というのは、信長の切実な願いであったろう。だから家康に、

「わしは西へ風を吹かせる。おぬしは東へ風を吹かせてほしい」

というのは、高いところから家康を見下ろして頼んだわけではない。同じ共通の地べ

たを踏んで発した心からの叫びだったのである。当時の力関係からすれば、家康のそれは信長とは比べようがない。まして家康は、十余年に亘る人質生活から解放されて、ようやく独立したばかりの小大名だ。信長と対等に付き合える立場ではない。家康は信長の意図を完全に把握したわけではなかったが、とにかく承知した。そうせざるを得ない立場に置かれていたからである。

しかし清洲城から岡崎城へ戻る途次、家康は信長の言葉を改めて考えてみた。というのは、家康も駿府で人質生活を送っているときに、

「民の存在」

に大きく目を向けた。今川家は代々優れた治政を行ってきてはいたが、だからといって民が全て幸福になっていたわけではない。やはり、

「高い年貢を絞られる存在」

としての農民と、生産物も今川家に安く買われ、そして高く売る商人と、今川家の当主が結託していることは他の大名とそれ程変わりはない。家康はこういう実態を見ていて、

「これからは、民に対する政治を充実しないと、却《かえ》って我々の立場は危うくなる」

と思った。家康が駿府に人質になっているときに、各別に彼に目を掛けて、

「これからの大名は、学問を身に付けないと立ち行きませんぞ」

と教えてくれたのが、今川義元のブレーンであった臨済寺の住職太原雪斎である。雪斎は少年家康（この頃は竹千代）に、天分の才幹を認めたらしく、自分から乗り出して熱心に家康を教育した。当時の禅僧は、日本の最高のインテリだ。特に漢学についての造詣が深く、それも単に仏教の書籍だけではなく、古代中国の思想や歴史、さらに兵法についても広く深い知識を持っていた。

したがって、戦国時代の武将の軍師参謀といわれるブレーンは、当初は禅僧が多い。それが武士に代わって来るのは、戦国後期のことだ。禅僧はどちらかというと他の宗教とは違って、

「あの世のことよりも、今の世のことを考える」

という傾向が強い。したがって、日々緊張感を持ち、いつ生死の境に立たされるかわからない武将にとっては、部下の生死を含め常に死に直面している。そうなると、単に理念を語ったり、あるいは考え方を示してくれる禅僧よりも、

「合戦現場において、自分の脇にいて起こってくる不測の事態に対応できる相談相手」

が必要になる。軍師参謀が僧から武士に代わって行ったのにはこういう経緯があった。

しかし軍師や参謀が武士に代わる前は、何といっても禅僧たちが各武将に対し、

「武将のあり方・生き方・目標・その方法」などについて、導いていたことは確かである。武田信玄《たけだしんげん》・上杉謙信《うえすぎけんしん》など多くの名のある武将たちの指導を、ほとんど禅僧が行っていたことはいうまでもない。織田信長にしても、彼自身が軍師と参謀を兼ね備えていたから、別に合戦における指導者は必要なかった。

しかし、たとえば美濃国の斎藤氏を追放して、拠点を構えた時、その拠点に「岐阜」という地名をつけたのは、信長のブレーンであった沢彦《たくげん》という禅僧である。中国の故事に則って、信長に、

「愛民の治政を行いなさい。周の武王に学びなさい」

と教えたのは沢彦である。だから若き日の信長は、〝あゆちの思想〟という伝承を心の隅に置きつつ、その実現に、

「同時代に生きる民衆のニーズ（行政需要）」

を、マーケティングをしながら施策の柱を立てていたことは確かだ。

家康は、太原雪斎からいろいろな漢書を学んだ。その中で雪斎が最も力を込めて家康に勧めたのが、

「貞観政要《じょうがんせいよう》」という本だ。この本は、古代中国の唐《とう》という国の二代目太宗《たいそう》という皇帝

の言行を、後世に綴られたものだ。テーマとして、

「創業と守成のいずれが難しいか」

「君は船なり、民は水なり」

「君は臣の諫言《かんげん》をいかに聞くか」

という項目が掲げられている。いわゆる「帝王学」のテキストだ。家康はこの「貞観政要」を、生涯「座右の書」として大切にした。特に、

「君は船なり民は水なり」

という言葉はかれの生涯の政治指標になった。ただ人質時代の経験で、多少僻《ひが》み根性や人間不信の念を持つ家康は、まっすぐには受け止めなかった。しかしいずれにしても、

「船である君主が善い政治を行っている時は、水である民は静かに船を浮かべてくれる。しかし一旦船が悪政を行えば水は怒り波を立てて、場合によっては船をひっくり返すことがある」

という言葉は実感を持って身に染みていた。家康の民を重んずる心の底には、

「民は恐ろしい存在だ」

という恐怖心もある。警戒心もあった。だから後に彼の言葉として、

「百姓は死なぬように生きぬように扱え」

という、〝年貢絞り〟のトップとして印象付けられるようにもなるのだ。家康の心の底は必ずしも、

「民は愛すべき存在だ」

という、〝愛民〟の思想ですべての政治を行っていたわけではない。かれの人間観は、あくまでも不信である。したがって家臣さえ信じていたとは思えない。〝人間不信〟の念は、誰に対しても同じように抱いていた。これは家康の不幸な生い立ちによるものであって、かれの罪ではない。そしてまた彼が自ら作り出した天下は、やはり緊張感を伴うものであって、始終油断のならない仕組みになっていた。ある意味で、

「それは家康の自業自得だ」

といえないこともないが、ただ信長と違って彼の生い立ちはかなり不幸だったために、そういう経過を辿ることになる。

その意味では、民の存在を無視できない家康は、駿府から岡崎に戻った時にすぐ、

「岡崎奉行」

を設置した。これはおそらく、戦国後期の大名としては、一番早いポストの設置だと思う。つまり民政を行う奉行を置いたのだ。しかも家康は、

「一人の人間が全ての能力を併せ持っていることなどあり得ない。人間には必ず長所

もあれば短所もある。短所を互いに補い合うことが大切だ」

というコンビかトリオで仕事をすることを重んじていた。したがって岡崎奉行は単数任命ではない。三人の武士を組み合わせた。それぞれ長所と短所があった。この三人の性格を岡崎の町の人々は、

「ホトケ高力　オニ作左　どちへんなし（どっちでもない）の天野康景《あまのやすかげ》」

と囃《はや》し立てた。ホトケというのは優しい気持ちを持った高力清長《こうりききよなが》のことだ。オニ作左というのは、日本一短い手紙を書いた短気な本多作左衛門重次《ほんださくざえもんしげつぐ》のことである。そしてそのどっちでもない天野康景は公平な人物だということである。ホトケの情に傾いてもいけないし、また法を厳しく守らせるオニのような本多重次も偏《かたよ》りすぎる。そうなると、両者の間に立って公平な判断をする天野康景の裁断も大切なものになる、という家康なりの、

「人間性を組み合わせたトリオ奉行」だったのである。

井伊谷からやって来た三人衆は、

「井伊谷をどうか徳川様の管轄下に置いていただきたい」

と頼まれた時、家康の頭の中にはすでに信長から聞いた〝あゆち思想の展開〟という

政治目標がしっかりと根を下ろしていた。そこで、

「ただ単にわしが遠江の国に入れば、家康は侵略者だといわれる。そこで、わしは信長殿から聞いた〝あゆちの風〟を井伊谷にも吹かせるという考え方をとりたいが、どうか？」

と持ち掛けた。三人衆は飛びつくように賛成した。そして、

「現在の井伊谷城の城主は、女性ではございますが、今徳川殿がおっしゃった〝幸福の風〟を、井伊谷全体に吹かせようと努力中でございます。そのお話を聞けば、直虎様もさぞかしお喜びになり、また徳川殿の遠江にお入りになることが、滑らかに行われるのではないかと思います」

と賛成した。

しかし、家康の遠江攻略は井伊谷三人衆の呼び掛けに応じたのがきっかけではない。家康は前に書いたように、すでに信長との軍事同盟で、

「信長は西へ、家康は東へ」

という計画を立てていた。ただ、三人衆に語ったようにいきなり遠江へ侵入したのでは、

「徳川は、遠江への侵略者だ」

といわれる。家康にすればやはり遠江へ入るための口実が欲しかった。

たとえば、かつて武田信玄が信濃国（長野県）へ入った時に、上杉謙信は声を上げて、

「武田信玄は信濃への侵略者である」

と叫び、〝義〟を重んずる謙信は、

「わしの武田攻撃は、信濃国への侵略者である信玄を義によって討伐するものである」

と豪語した。これは当時の大名ならだれもが知る公然たる合戦であった。そのため謙信と信玄は、六回にも亘る〝川中島の合戦〟を展開する。慎重な家康は、そんな侵略者だなどという汚名を蒙《こうむ》りたくない。

「遠江へ入るためには、入るだけの理由が欲しい」

と思っていた。そこへ三人衆がやって来て遠江入りを勧めたので、家康は喜んだ。それに、三人衆は全く縁がなかったわけではない。特に近藤康用と菅沼忠久は、家康の実家である松平家との関わりが深い。

近藤康用の康は家康の康を一字貰ったものだ。しかしこれは遠江攻略の時のことではなく、その後の手柄によって与えられたものだ。近藤康用の三代前に満用《みつもち》という豪族がいた。満用は家康の祖父にあたる松平清康《きよやす》に仕えていた。近藤家の祖先は、三河《みかわ》国宇利《うり》（愛知県新城市）に城を構えていた。宇利城にはもともと熊谷備中守《くまがいびっちゅう》が城主を務めてい

たが、満用が宇利城を攻め落としてその戦功によって宇利城を与えられた。満用は天文十三（一五五四）年五月に死んだ。そのあとは息子の乗直《のりなお》がついだ。なかなか豪の者で、宇利の山中にいた鹿を素手で押さえたという。この話が清康の耳に入って、

「なかなか豪胆な者だな」

と誉められて、鹿角《かづの》の紋どころを許された。以来近藤家の紋どころは「丸の内抱鹿角」となっている。

このように近藤乗直は勇猛をもって知られたが、やがて三河国額田郡井田（愛知県岡崎市）の合戦時に傷を受け、歩けなくなった。そのために宇利に隠居し、家督を弟の忠《ただ》用《もち》に譲った。忠用も清康に仕えたが、清康は〝守山くずれ〟といわれる事件で部下に殺されてしまった。

そのため忠用は今川義元に仕えるようになり、天正六（一五七八）年五月に死ぬ。その後を康用が継いだのである。康用は、父忠用と共に義元の家臣として、各地を転戦した。しかし永禄十一（一五六八）年に、野田（新城市）の菅沼定盈の誘いによって、家康に従うことを決め、今川家から離れて家康の遠江入りの案内役を務めることになったのである。その後武田信玄が甲州から南下して宇利城を囲んだ時、康用は息子の秀用と共に勇戦し、武田勢を追い払った。この功績によって、家康が、

渭伊神社（浜松市）
井戸や井水を祭祀対象とした神社で、井伊氏の発祥とともに氏神となった。

「なかなか武勇の者である。名の一字を与える」

といって、自分の名を一字与えたのだ。それまでは康用は、「信用《のぶもち》」と称していたという。

康用は井伊谷の地を非常に愛し、井伊家から井伊谷の一画を与えられたので、天正十六（一五八八）年この地で生涯を終えるまで、住み着いていたという。七十二歳で死んでいる。

井伊谷探訪 **渭伊神社**

「井伊谷」バス停から西へ、全長三〇〇メートルほどの井伊谷の商店街、通称「みそまん通り」の尽きるところが神宮寺交差点で、さらに二〇〇メートル余り、鰻屋のある三叉路を南に折れるとすぐ、右手に石の鳥居が見えてくる（鳥居の柱元には「八幡宮」の表示がされている）。鳥居の左手には直虎所縁の妙雲寺があり、この裏手の道を辿っていけば井伊郷の産土神、渭伊神社だ。井伊氏の氏神八幡宮を合祀したため八幡宮とも呼ばれている。

杉、檜の木立で鬱蒼とした境内。杉の木は、どれもよく手入れされていて、まっすぐにその幹を伸ばしている。楠系統の太い神木と社叢に囲まれた拝殿はさらに奥にあり、境内南西の縁は、護岸工事がなされてしまってはいるが、小規模な崖で神宮寺川に接している。

この渭伊神社の「渭伊」は古くは「井」を意味していたとされ、井水をはじめ、水にまつわる神事が古来から行われてきた聖なる場所とも推測される。井伊氏の祖先もこの「井」「水」に関わり、神事を司った豪族であったのか。

本殿の裏手には静岡県指定史跡となっている巨石祭祀遺跡・天白磐座遺跡がある。

【道しるべ】▼浜松市北区引佐町井伊谷一一五〇 ▼遠鉄バス「井伊谷」下車徒歩約十五分／同「神宮寺」下車徒歩約十分／同「北神」下車徒歩約五分

井伊谷探訪　天白磐座遺跡

渭伊神社境内、本殿の裏手に薬師山と呼ばれる高さ四〇メートルほどの丘があり、ここにごつごつとした大小の岩石（堆積岩の一種であるチャート）が約四〇メートル四方にわたって散在している。これが静岡県指定史跡の天白磐座遺跡で、日本でも指折りの規模の古代祭祀遺跡という。

中心となる三個の巨石が磐座（神の依り代）であったとされている。中でも高さ七メートルの最大の巨石直下からは、土器、勾玉、鉄矛、鉄刀などをはじめ、古墳時代の遺物が数多く発見され、その西側が古墳時代の祭祀場であることが同定されている。ここでの祭祀は平安時代に至るまでの長期間、連綿として続いていたようで、平安時代末期には経塚も造営されたことがわかっている。ここからは渥美地方で作られたと見られる経筒外容器、和鏡が出土している。また近年の発掘調査では、縄文時代から江戸時代にかけての遺物も発掘されているとのことだ。

巨石の間に楠や樫の巨木がはえ、一帯はほの暗いほどだが、照葉樹の樹間から射し込む斜光線に照らされた巨岩群は古代的な神秘性を感じさせもする。近年「パワースポット」として紹介されることの多いのもうなずける。

【道しるべ】▼浜松市北区引佐町井伊谷一一五〇　▼遠鉄バス「井伊谷」下車徒歩約十五分／同「神宮寺」下車徒歩約十分／同「北神」下車徒歩約五分か

スポット **岡崎三奉行**

三河を平定した徳川家康が、高力清長、本多重次、天野康景の三人を三河方面を取り仕切る一種の「行政官」として任命し、岡崎に置いたもの。主として、民政・訴訟事案に当たらせた。本文にもあるように、当時の俗謡で「ホトケ高力、オニ作左、どちへんなしの天野」とうたわれた。三河の民衆の親しみなのか、それとも揶揄なのか。

[高力清長] 家康の父松平広忠に仕え、その後今川人質時代の家康に近侍。家康独立後は一向一揆の鎮圧に功をあげた。「三奉行」以後は遠江馬伏塚城主、駿河田中城主。家康関東入部後は武蔵岩槻城主となり、浦和一万石を賜った。一向一揆鎮圧時にも寺などから経典、仏像を救い出し、このことから「ホトケ……」と呼ばれたともいう。

[本多重次] 剛直一本槍で家康の諸戦に奮戦。秀吉生母が岡崎に人質として入った時には、変事が生じた時の算段として居所に薪を積み上げたという。小田原の陣の折には、岡崎に立ち寄った秀吉の召きに応じず怒りを買い、これには家康もやむをえず、重次を上総古井戸に蟄居させた。その後下総相馬に移され、剛毅一本な生を終えた。

[天野康景] 家康が人質として駿府に送られる途中、戸田康光に織田方に売られた時に従っていた小姓の一人で以後も家康に近侍した。三河東條城の請け取りで頭角を現わし三奉行の一人となった。後、駿河江尻城代、家康関東入部後の下総大須賀を経て、駿河興国寺に転じたが、天領の百姓を家臣が斬殺したことを咎められ、改易となった。

五、直虎の目指す理想郷

信玄の王道政治

武田信玄が上杉謙信のいうように単純な〝信濃国への侵略者〟ではなく、実を言えば、「信州の住民が、信玄の到来を待ち望んでいた」

という話は、直虎は許嫁の直親が再び井伊谷に戻って来てから随分と聞かされた。当時直親が避難していたのは、信州伊奈郡市田郷（長野県飯田市）の松源寺という寺である。直親はここの住職から、よくその話を聞いたという。話によれば、

◎信濃国にも、守護がいる。小笠原《おがさわら》という大名だ。深志《ふかし》（長野県松本市）に城を構えていた

◎しかし、小笠原はどちらかといえば礼儀や風流（生花・作歌・能など）に関心があって、政治については苦手だった。今でいえば、ガバナビリティ（統率力）が不足していた

◎そのため、信濃一国をまとめることが出来ずに、信濃国は当時村上《むらかみ》とか高梨《たかなし》とか真田《さなだ》とか、あるいは諏訪《すわ》・高遠《たかとお》などの諸豪族によって荒らされていた

◎こういう状況で、一番迷惑するのは住民だ。特に年貢を担当する農民が酷《ひど》い目に遭《あ》う

◎苦しむ農民たちの耳に、いつの頃からか隣国甲斐（山梨県）における、武田信玄の善政の噂が聞こえてきた

◎噂によれば、武田信玄は何よりも民を大切に思い、民のための施策を次々と行っているという。特に農民を優遇し、暴れ川が三本もあるので、この水を治めることに特別な技術を発揮して、成功したという

◎さらに信玄は、山林事業にも関心を持ち、「杉の木だけを植えてもだめだ。秋になれば、葉を落す落葉樹も植えろ。そうしなければ、山は肥えないし、また鉄砲水の理由になる。また洪水の理由になる」と告げていたという。

◎これらの事実は、信濃の農民にしてみればみんな思い当たることであり、「信玄という人は、よく土地の事情にも通じている。そうでなければ、民のための政治など行えない。羨ましい」という声が次第に高まっていった

「だから松源寺の和尚はこう言ったよ」

と、戻って来た直親は直虎に告げた。

「信玄公を信州に導き入れたのは、必ずしも信玄公の国土を広げたい野望だけではなく、むしろ信州側の住民に迎え入れたいという気持ちがあったのだ」

「信濃の民は、信玄公の政治のどういうところに魅かれたのでしょう?」

まだ半分は信じることができずに直虎は半信半疑でそう訊いたことがある。直親はこう答えた。

武田信玄（信松院蔵）

「信玄公には、禅僧の補佐役がいて、古代中国の歴史に明るい。だから、古代の中国の考え深い指導者が言ったように、王道政治をめざしていたのだと思う。王道政治というのは、民のための仁と徳に満ちた政治のことで、覇道《はどう》政治とは違う。覇道政治というのは今の大名の多くがそうであるように、自分の権力をいやが上にも増して、民を苛めることを何とも思わないような連中のことだ。その点、わしがいた松源寺の和尚は、武田信玄公は覇道政治を行うために信州にやって来るのではなく、むしろ自分が甲斐の国で実現した王道政治をさらに広めようという意図が見えた。

だから、われわれも小笠原殿には内緒で、ひそかに手を叩いて歓迎したのだ。普通に考えれば、敵国の大将を手を叩いて迎えるのだから、これは信州を治める守護小笠原氏に対しては反逆になる。しかし、それほど信州の民は苦しんでいたのだよ」

心の優しい直親が淡々と語るこの話は、その時の直虎の胸を強く打った。そして直虎は、

(井伊谷には、その良い伝統がずっと保たれてきた)

と感じた。井伊谷に良い伝統が保たれてきたというのは言うまでもなく、

「井伊家の祖共保が捨てられていたという井戸」

の存在のことである。共保が赤ん坊で救いを求めて泣いていた井戸は今この地方では「聖井」あるいは「聖泉・聖水」として尊ばれ、神聖化されて、地域一帯が〝聖域〟として崇《あが》められている。直虎はその先頭に立っていた。直虎は直親の話に、ものすごくいいことを聞いたと思った。それは、直虎が今単に崇めているあの聖域を、(もっと考えを広げて、聖域を井伊谷の理想郷化の核にしようという思いに発展させたからである。井伊谷を理想郷化して、そこに住む人々がこの国(日本国)のあらゆる土地から、

ない）

「うちの地域も井伊谷のようにしたい」

と思うような手本になったら、こんな嬉しいことはない。直虎は、

（そうすることが、女としての私を井伊谷宗家の当主にした、天の意思なのかもしれない）

と思った。これが、直虎がどんな苦境や悲境に直面しても、

「必ずこの危機は突破できる」

という勇気を湧かせる源泉なのだ。つまり共保を泣かせたあの聖域に流れる精神が、

現実化して、直虎に、

「井伊谷を幸福な地域にせよ」

というのが、天の声なのである。

そうだ、と直虎は一人頷いた。そして、

（わたしがあの井戸に行く度に、底から聞こえる共保様の泣き声は、天の声を伝えているのだ。すなわち、共保様は、わたしに井伊谷を誰もが幸せに暮らせるような理想郷にしなさい、ということを代わって伝えているのだ）

と改めて感じたのである。そう思っただけで、どんな場合でも直虎の胸には、滾々と勇気が湧いてくる。

「ここでくじけてはならぬ。踏みこたえねばならぬ。そして踏みこたえたあとは、一歩前へ出るのだ。さらに二歩、三歩と前へ歩いて行くのだ」

という、前向きのモラール（やる気）が絶えることなく湧いてくる。したがって、あの井戸は直虎にとって欠くことのできない存在だった。いってみれば直虎の勇気の源泉、さらに言えば彼女を〝生かす源泉〟だったのである。

もちろん、井伊谷三人衆が、

「徳川家康殿を井伊谷に御案内します」

と言ったときは、直虎は時間をかけて十分討議した。それはまず、

「徳川家康が、王道政治をめざしているのかそれとも覇道政治をめざすのか」

ということの確かめだ。

この時代（戦国）に生きる武士たちは、教養のほどはそれ程ない。したがって、井伊谷の武士でも、自分の名前さえ書けない者もいる。が、直虎はそんなことは構わない。三人衆にこもごも、自分の疑問をぶつけた。三人衆も、理屈立てはうまくないが、しかし直虎の求める、

「事の核心（真実）」

に対する感覚は鋭かった。つまり、

「直虎様が何を求めておいでなのか」

ということは、勘で承知していた。そこで彼らは、徳川家康が駿府の人質時代にしばしば行ったことや、あるいは桶狭間の合戦後岡崎に戻ってまずやったことなどを例とし述べた。特に、岡崎における、

「三人奉行の設置」

は、正しく、

「徳川殿が、民を大切にしようとする政治の根本を示すものです」

と告げた。三人はそういう話を噂として聞いたのではなく、彼ら自身は自分の言葉通りのことを家康が実行しているのだ、ということを信じていた。三人衆のこもごもな話は、直虎の胸の中にまるで乾いた土地への水のように沁み込んで行った。何よりも安心したのは、

「家康公は、愛民の思想で、大名の政治は全て民のために行わなければならない、というお考えをお持ちです」

という一言であった。頼もしい。まだ会ったことはないが、そういう人物なら非常に好ましいと直虎は感じた。彼女自身も、龍潭寺の南渓和尚からいろいろと古代中国の書物のことも聞いていた。家康に最も敬愛の念を抱いている菅沼忠久が、

「同族の定盈から聞いたことですが」

と前置きして、家康が子供の時からよく読み、また、

「この本は、生涯大切にしたい」

と言って、いわゆる〝座右の書〟を、何冊か挙げた話をした。直虎がその中で関心を持ったのは、

「家康公の座右の書は、『貞観政要』と『吾妻鏡《あづまかがみ》』の二書です」

ということを聞いた。二書とも直虎は読んだことがある。『貞観政要』は、有名な帝王学の参考書で、前にも書いたが、

「君は船なり、民は水なり」

という言葉がある。治者は船。民は水というわかり易い例えだ。したがって両者の関係は、

「船が善政を行えば水は静かに支える。しかし船が一旦悪政を行えば、水は怒って船をひっくり返す」

ということを述べたものだ。そこで『貞観政要』は、

「だから、民から常に支持されるためには(船をひっくりかえされないためには)、君は臣の諫言をよく聞かなければならない」

と、述べている。三人衆の言葉によれば、

「家康公は、よく家臣たちの意見をお聞きなっておられます」

ということである。直虎の感ずる限り、

（家康殿は、『貞観政要』で示された〝よき船〟を目指しておられる。そしてそのためには、家臣たちの意見を広く耳の底に納めておられる）

という謙虚な姿勢を知った。戦国時代の武将は時間との戦いで、功を急ぐあまり、あまり家臣の意見に耳を傾けない。よい意見を述べても、急ぐ主人は、

「そんなことは言われなくてもわかっている！」

と声を荒くして、退けてしまう。そして猪突して失敗することが多い。それは、忠義な家臣の諫言をきちんと聞かないためである。

三人衆の話を聞いていると、直虎には徳川家康のイメージが、

「井伊谷にとっても好ましいトップの像」

の持ち主のように思えてきた。徳川家康を井伊谷に招き入れるということは、簡単にいえば、

「井伊谷を明け渡して、徳川家康の管理下に置く」

ということである。だから、

「それが井伊谷にとってよい事か悪い事か」

ということを、招き入れる前からきちんと整理しておかなければならない。が、直虎は三人衆の熱心な話を聞いているうちに、

(徳川殿を井伊谷に招くことは、決してわたしが聖域に対して誓ったことと、違うところはない)

という自信を持ち始めた。

三人衆を岡崎へ差し向けるとき、その前に直虎は例によって聖井を訪ねた。しばらく佇《たたず》んでいると、やがて井戸の底から赤ん坊の泣き声が聞こえた。直虎は胸を弾ませた。泣き声はしばらく続いた。しかし直虎はその泣き声を聞いているうちに、家祖の共保が、

「決断せよ。三人衆を徳川家康のもとに派遣せよ。そして、井伊谷を家康の管理に任せよ」

と言っている声を聞いた。直虎は安心した。そこで、三人衆には正直にこのことを話し、

「井伊家の御先祖様が、あなた方を徳川殿のところに派遣をして、井伊谷を任せなさい、とおっしゃった。これは家祖の声であると同時に天の声である。宜しくお願いする」

と告げた。

以上書いて来た経緯をみてみると全てが美しく夢が多い。戦国武将の中でも直虎をはじめ、その意を汲んで行動する武士たちが、

「この動乱の世に、この国（日本国）の一画に、誰もが安心で安全な理想の地を打ち立てるべく、努力していた」というような、いわば耳に快い物語のように聞こえる。事実直虎たちはそういう理想郷を築こうと、井伊谷の聖地である井戸に誓っていたのだが、現実は決してそんな甘いものではなかった。

というのは、今は直虎が井伊谷三人衆を通じて招こうとしている徳川家康そのものが、その頃大変な目に遭っていたからである。大変な目というのは、一言でいえば、

「三河国内の一向宗徒一揆」

との戦いである。

独立後の家康の危難

今川家から独立した松平元康（徳川家康）は、その後織田信長と盟約を結んで信長の

西への進出への不安を解消した。元康は永禄四（一五六一）年の春ごろから、東三河の今川方の諸将の拠点を攻め始めた。一族の形原《かたのはら》松平・竹谷《たけのや》松平をはじめとして、西郷《さいごう》・奥平《おくだいら》・菅沼《すがぬま》など今川家に属していた諸豪族たちを相ついで降伏させた。

駿府に置いて来た妻子を取り戻したのは永禄五年のことである。永禄六（一五六三）年三月には、信長の娘徳姫《とくひめ》と元康の嫡子竹千代《たけちよ》（信康）の婚儀が整った。これで松平・織田の同盟はさらに固くなった。

この年（永禄六年）七月に、元康は「家康」と改名した。元康の元はもともと今川義元から貰ったものである。この改名によって、家康は完全に今川家と絶縁した。

なお家康が松平を「徳川」と改めたのは永禄九（一五六六）年十二月のことである。この小説の中でも、便宜上「徳川」「徳川家康」という呼称を使った箇所が多々あるが、正式にかれが元康を家康と改め、さらに松平を徳川と改めのは、ここに書いた年月が正しい。

三河地方における一向宗（浄土真宗）の広まりは、応仁二（一四六八）年に、蓮如《れんにょ》上人がこの地方に来て、土呂《どろ》の本宗寺を建ててから広まった。当時この宗旨の広まりは目覚ましく、家康の本家である松平氏の家臣の中にもかなり信者が出た。

それではなぜ家康の時代になって一揆が起こったかといえば、永禄六（一五六三）年の九月に、家康は佐々木《ささき》地域（岡崎市）に砦を築いた。しかし食糧が少なかった。そこ

勝鬘寺本堂（愛知県岡崎市）
上宮寺と並ぶ、三河一向宗の有力寺院。

で菅沼定顕に、

「佐々木砦のために、食糧を調達せよ」

と命じた。菅沼はこれを常例に従って地域から徴発しはじめたが、その時一向宗の寺も特例としなかった。上宮寺《じょうぐうじ》という寺があったが、ここに踏み込んで強引に蓄えられていた食糧を奪った。上宮寺の僧たちは怒った。そこでこの暴挙を針崎《はりざき》（岡崎市）の勝鬘寺《しょうまんじ》や、野寺（岡崎市）の本証寺《ほんしょうじ》などに呼びかけた。

「駿府から戻って来た松平元康はけしからん。われわれにまで食糧の割り当てを強要した。寺で蓄えていた信者のための米を奪い取って行った。許せぬ」

と告げた。二寺もこれに共鳴した。そこでこの三つの寺が核となって、国内の一向宗徒に呼びかけた。

「岡崎城主松平元康を倒せ」

という呼び掛けである。呼応する者が多く、たちまち一向宗徒は一揆を組んだ。そして、

「宗法護持」

のシュプレヒコールを挙げながら宝飯《ほい》・碧海《へきかい》・額田《ぬかだ》・幡豆《はず》の四郡に同志を求めた。呼応する者が多く、家康の出身である松平家からも、その一門や譜代の家臣たちが参加した。

さらに、普段から〝反松平〟の気概を持ち、事毎に松平氏と争って来た東城（西尾市吉良町）の城主吉良《きら》左兵衛督義昭《よしあき》・荒川《あらかわ》甲斐守義広《よしひろ》なども一揆に加わった。吉良《きら》家は、元禄年間に忠臣蔵で名高い吉良上野介《こうずけのすけ》を生む家柄だ。今川家と共に足利家の分家でかなり家格が高く、

「足利本家で将軍相続人を欠いた時は、今川あるいは吉良家から候補者を出すことが出来る」

といわれるほどの名家であった。

さらにこの一揆側には、後に徳川家康の異体同心といわれた本多正信《ほんだまさのぶ》も加わっている。しかし本多は、家康が直接鎮圧の指揮を執って戦場に出て来ると、たちまち身を翻し逃げたという。本多はやがて家康が一揆を平定したあと、京都に逃れさらに越前《えちぜん》（福

井県）に逃れて行く。その留守中、本多の家族の面倒をみたのが大久保忠世《おおくぼただよ》であり、大久保は本多のためにしばしば家康に、

「帰参をお許しください」

ととりなしたという。しかし、本多は後に大久保忠世の息子をチクリ、大久保家を改易させてしまう。このことを怒って、

「本多憎し」

の憎悪と怨念《おんねん》を動機として、忠世の末弟が一冊の本を書いた。それが、「三河物語」だ。この末弟が大久保彦左衛門だ。彦左衛門は〝天下の御意見番〟といわれたが、そんなポストが徳川幕府にあったわけではない。歯に衣着せずにズケズケと物を言うところが、大衆の評判を得て、そんな尊称を奉られたのだ。

「三河物語」は、徳川家の歴史としてはかなり信憑性が高く、研究者の間でも「精度の高い資料だ」といわれて

大久保忠世
（小田原市立図書館蔵）

いる。しかし文中の諸所に、

「将軍家への恨みごと」

が多いのは、彦左衛門にすれば、

「わが大久保家は、徳川家に対して松平時代から誠心の限り忠節を尽くしてきたのに、その扱いは非常に冷たい」

という気持ちがあったのに違いない。彦左衛門自身が、三代将軍家光のとき千石の加増を受けるまでは、たった千石の給与を固定されたままで与えられて来た。だからこの本の中で、

「息子よ、今の主人である徳川家を有難いと思うか。俺は全く思わないぞ」

と、露骨な恨み言を書いている。よほど本多家が憎かったに違いない。

いずれにしても、家康の直臣たちを含みつつ一揆は発展し、やがて岡崎城に迫る勢いになった。それは単に宗法護持を目的とする者ばかりではなく、

「この一揆を反松平のパワーとして利用しよう」

という、政治的グループが加わったためもある。

一揆は翌年に持ち越され、永禄七（一五六四）年一月十一日の上和田《かみわだ》の合戦では、家康は、一揆側からの二発の銃弾を受けた。しかし、具足がよく防いで弾は貫通しなかっ

た。そのため家康も気がつかずに本陣に戻って武具を外すと、二発の弾が出てきて、

「おや？」

とびっくりしたという。家康の家臣で一揆側に味方していたのは本多正信だけではない。蜂屋半之丞《はちやはんのじょう》という武士がいた。槍の名手である。小豆坂《あずきざか》の遭遇戦のときに、水野忠重《みずのただしげ》を槍で突き伏せようとしたときに、一騎の馬が跳んできた。馬上には家康がいた。半之丞はびっくりして逃げ出した。それを家康の家臣松平金助《きんすけ》が後を追った。半之丞は立ち止まって振り返った。そして、

「家康公がおいでになったから逃げただけだ。お前が怖くて逃げたわけではない」

といって、金助をたちまち刺し殺してしまったという。

また土屋重治《つちやしげはる》という家臣も一揆に加わっていた。ところが一揆側の勢いが強く、家康が危なくなると、一転して家康の面前に分け入り、

「おれが相手だ」

と大手を転げて一揆軍と戦い、ついに討ち死にしてしまった。こういうように、家康が三河の岡崎城に戻ってからの当初は、一向宗徒の一揆に攻め立てられて命からがらの目に遭っていたのである。家康はほとほと疲れ果てた。せっかく独立して岡崎城に戻って来たのに、足元からこんな目に遭うとは思わなかった。こんな時の彼に、直虎が想像

していた、

「理想郷づくり」

などという政治理念が湧くはずもない。家康はついに心を固めた。それは、

(当面、一揆に嘘をついて和睦しよう)

ということである。申し入れた。一揆側は承知した。家康が示した条件は次の三条である。

一 此度一揆に与せし諸士本領安堵の事
一 道場(寺のこと)、僧俗共に元の如く立置くべき事
一 一揆の張本人一命を助けらるべき事

簡単にいえば三カ条とも、

「一揆に何の御咎《おとが》めなし」

ということである。ここに詐術があった。家康は一揆側がこの条件を飲んだら、その後で大弾圧を加えようと考えていた。しかし一揆側はこの三カ条を真に受けた。和に応じた。純粋な宗教一揆たちは、この条件を信じて講和に応じたが、政治的に一揆を利用した連中は、

(われわれは罰される)

と、機敏に危険を感じて国外へ逃げてしまった。吉良もその一人で、本多のことは前に書いた。起請文を書いて一揆側を信用させた家康は、しかし間もなく領内の一向宗の寺々に対し、

「改宗を命ずる」

と告知した。驚いて門徒たちが抗議すると、家康は耳を貸さなかった。だけでなく、

「わしの命令に背く寺や道場は破却させる」

と宣告し、部下にこれを実行させた。抗議する門徒は武力で弾圧し、従わない一向宗の僧たちは全部国外追放した。さらにその財産はすべて没収した。言ってみれば、嘘で固めた起請文によって和を講じ、油断した一向宗の寺や末寺に対し、間髪を入れない弾圧を下したのである。これは、家康の騙《だま》し討ちだと言っていいだろう。

この時の家康はまだ二十三歳である。一向宗徒だけでなく、家康の家臣たちもこの思い切った弾圧ぶりには驚いた。というよりも呆れた。そして、

（家康公は、こういう血も涙もないことを平然となさる方なのだ）

と、今更ながら家康の人間性に非情な面があることを知った。家康の人事管理法は、現在でも完全に理解尽くせない不気味な面があるが、そういう一端がこの帰国直後に経験した一向宗徒の弾圧に、如何なく表れていたと言っていいだろう。

家康の遠江への関心

一向宗徒の弾圧によって、家康は西三河を完全に平定した。一向一揆は、西三河平定のための起爆剤になったのだ。家康は手を緩めなかった。この西三河平定を成功させると、今度は一転して再び東三河に目を向けた。

そして今川氏の有力な根拠地であった吉田《よしだ》城（豊橋市）を攻め立てた。攻め手の大将は酒井《さかい》忠次《ただつぐ》である。吉田城主は小原鎮実《おはらしずざね》だった。この城を攻め落とし酒井を城主として置くことによって、家康は完全に、「三河統一」を成し遂げた。

そして翌八年に、前に書いた岡崎三奉行を置いた。民政に当たらせたもので、三人の奉行は、高力清長・本多重次・天野康景であった。この頃の大名で、民政を担当するポストを置いた武将は一人もいない。さすがだった。しかし前に書いたように、これは家康が必ずしも〝愛民〟の立場に立って置いた役職者ではなく、逆に、

「民は恐ろしい」

という観点からそのなだめ役、あるいは抱きこみ役としての役割を負わせたのだ。が、

思惑とは違って民から、

「ホトケ高力・オニ作左・どちへんなしの天野康景」

と言われた三人の奉行は、それぞれの短所を抑え長所を互いに活用し合ったので、岡崎の民たちは三奉行の仕事ぶりを大いに称え合ったという。例えばオニ作左といわれた本多作左衛門重次は、ある時部下から、

「新しい法令を書いた高札をいくら城下町に立てても、民は全く守らないので困っております」

という訴えを受けた。本多重次は、

「すぐその高札を持って来い」

と命じた。部下が持って来た高札を見て本多はすぐ、

「これでは守るはずがない」

と言った。部下が、

「なぜですか」

と訊くと、本多は、

「難しい漢字ばかりで書いてある。仮名が一つもない。こんなものが民に読めるはずがない。全文仮名に書き換えろ」

といった。部下は驚いて、

「法令を仮名で書いた例などありません。だめです」

と拒否した。本多は怒った。そして、

「法律は見てればいいというものではない。お前たちが言うように、守らせるのであれば、まずわからせなければだめだ。いいから仮名に換えろ」

と突っ張った。部下は、

(相変わらず、本多様はオニだ。一旦言い出したら絶対に引かない)

と感じた。しかし、たしかに本多の言うように、

「法令は、守らせるために出すので、ただ立てればよいというものではない」

という言葉は正しい。仮名に書き換えた。以後、新しい法令が次々と出ても、城下町の住民は必ずきちんと守る様になった。ただその守り方も、法令が仮名になったから正確に読めたわけではなかった。かれらの多くは字が読めない。ただ、その高札の最後に、

「守らぬと、作左が怒るぞ」

と書いてあった。これが口コミで町の隅々まで伝わった。だから市民の中には、かまどを火吹き竹で吹いていてもなかなか火が熾《おこ》らないと、

「こらかまどよ、早く燃えろ。燃えぬと本多様が叱りに来るぞ」

とまで言うように、オニ作左の威令は岡崎の隅々まで通ったのである。

家康はこの話を聞いて、

(わしのやり方が当たった)

と感じた。家康は子供の時から人質時代が長いので、人間不信に陥っている。したがって、

「一人の人間で、全ての事が成し遂げられるなどということはあり得ない」

と思っている。かれが奉行を三人制にしたのも、

「三人には、必ず長所もあれば欠点もある。その欠点を互いに補い合って仕事をしてもらいたいのだ」

と考えていたからである。これが当たったとわかって家康は、

(今後、わしの政治では、責任者たちは必ず複数にしよう)

と心を定めた。これは実行される。家康は後に幕府を開くが、幕府の要職はすべて複数で、単数ではない。これはかれの「人間不信」に基づく、

「人と人との組み合わせによる責任体制」

の実現である。

こういう話は、今は異常に徳川家康の言行に関し、関心を持っている直虎のところにつぎつぎ入って来る。井伊谷には、家康に忠誠を尽くす武士も沢山いたからである。直虎は喜んだ。家康のやり方は非常に現実味がある。直虎は

「井伊谷の聖井の守護者を貫き通す」

という使命感を持っている。しかしこれはどこか理念的で、一種の夢だ。家康は違う。かれは遥かに現実的で、

「ありのままを見て対応する」

という主義者だ。直虎は、

(井伊谷の聖域を守り抜くためには、やはり厳しい現実に対応する術《すべ》を心得ていなければならない)

と考えていた。それは、

(自分ではできなくても、誰かそういう能力を持った人が実行してくれればいい)

という判断である。家康は直虎の〝期待する実行者〟のイメージにぴったり合っていた。したがって直虎は、

「一日も早く、徳川殿がこの地に来て井伊谷を管理してくれればいい」

と思っていた。

普通なら、理想を追わずに現実を重視して生きて行く、という考えに立つ者は、どちらかといえば、

「夢を追わない」

というタイプだ。したがってこの場合に当てはめれば、

「現実主義者である家康は、直虎が追いつづける〝聖井〟の理想などバカにして鼻にもかけないのではないか」

という疑問が湧いてくる。しかし直虎は信じていた。それは、

「徳川殿も、織田信長様が追求した〝あゆちの夢〟を共同して追っているに違いない」

と思っていたからである。〝あゆちの夢〟というのは、海から吹いてくる幸福の風が、日本の中部にあたる尾張（愛知県西部）に上陸するという言い伝えだ。信長は、

「わしは天下人になったら、〝あゆちの風〟を、尾張が独り占めにするのではなく日本中に吹かせてやる。つまり、日本国土を理想郷にするのだ」

と言い放っていた。これは直虎が、井伊家の祖共保が捨てられていた井戸を、

「井伊谷の聖域」

として守り続ける思想にも通ずるところがある。直虎の考えは、

「聖域の中心である聖なる井戸を中心に、井伊谷に住む人々がいつも幸福に暮らせる

ように、この地域の象徴とする」

と考えているのと同じだ。織田信長は徳川家康と同盟を組む時に、徳川家康に対し、

「徳川殿は三河から東を攻略してもらいたい。自分は尾張から西を攻略する。共に力を尽くせば、天下はわけもなく手に入ると思う。天下平定の後に互いに敵対しては、新田・足利の二の舞になる。もしわし（織田）が先に天下を取ったら徳川殿はわしに従ってもらいたい。しかし徳川殿が先に天下を取った場合には、織田氏が臣従することを約束する」

と告げたという。もちろん当時の状況からすれば、西へ進んで京都を拠点とする方が、天下に号令するには何よりも手っ取り早い。信長の心の底にそういう気持ちがなかったとは言えない。しかし、直虎は、

「信長殿は、必ず〝あゆちの風〟を、京都から吹かせてようとそうおっしゃったのだ。当時の力関係は、徳川殿は到底信長様に及ばない。やむを得ない約束だったろう」

と思っている。しかし、これは徳川家康が織田信長に屈したということではない。家康も相当なしたたか者だ。それに、子供の時からの人質生活で、人間的には他大名と比べようがないほど鍛えられている。そうであれば、

（たとえ東へ向かうとしても、家康殿の胸の中にも、信長様が実現しようとしている〝あ

ゆちの風〟が吹いているに違いない)

と思っていた。したがって、家康が井伊谷に入って来ても、〝あゆちの風〟の片鱗をここにも及ぼしてくれるだろう。そうすれば、自分が守ろうとしている井伊谷の聖域を、徳川殿も決して打ち砕くようなことはしないだろう、と直虎は信じていた。

こういう直虎の考え方は、井伊谷三人衆によって正確に家康に伝えられていた。家康は、三人衆の話を聞く度に、

「ほう、ほう」

と頷いた。三人衆から見て家康の対応は、決して直虎の考え方を否定しているのではないと思った。三人衆は、直虎から、井伊谷の聖井の話を耳にタコができるほど聞かされている。したがって直虎の言ってみれば「政治に対する姿勢」はよくわかっている。一言でいえばそれは「愛民」の政治だ。古代中国の思想家たちがよくいっていた、

「王道政治」

である。井伊谷三人衆もそれぞれ自領を持つ領主だから、直虎の話はよくわかる。はじめの内は、

「まるで子供の夢のようなことをおっしゃる」

と受け止めていたが、何度も聞いているうちに三人とも、

「たしかに、政治のあり方は直虎様のいうことが正しい。領主はすべてそうあるべきだ」

と思うようになっていた。いわば、直虎に洗脳されたのである。しかし、彼ら三人の見た徳川家康は、必ずしも直虎の考え方をそのまま自分の考えとして実行するような玉には見えなかった。三人衆は若い家康を見ていて、

(そうとうしたたかな人物だ)

と感じていた。それは帰国後起こった〝一向宗徒の乱〟の鎮め方を見てもわかる。あれは明らかに宗徒を騙したのだ。嘘をついた。しかし家康は嘘だと思っていない。家康に言わせれば、

「嘘も、ついた者が信じればその嘘も真実となる」

という妙な哲学を信じているに違いない。嘘をついた人間が、

(おれは嘘をついている)

と思い込めば、どこか腰が引けるし後ろめたさを感ずる。家康にはそんなところは全くない。シャーシャーとしている。まるで、

「世の中の真実はすべて嘘で、自分のつく嘘は本当の真実なのだ」

と告げているように思える。それはおそらく八歳の時からの、駿府での人質生活が身

に付けさせた処世法なのに違いない。家康の人間に対する態度は根本的に、

「不信感」

である。表面はともかく、底の方では絶対に人間を信用しない。だからこそかれは、

「何でもできるなどという万能人間がこの世にいるはずがない」

と公言している。

「人間には必ず欠点がある。その欠点を補い合わなければ事は成功しない」

と常に言っている。個人ですべてが成し遂げられるという考え方は家康にはない。

「必ず事は複数の人間が力を出し合って協力しなければ成し遂げられない」

というのが彼の信条だ。非常に現実的で、苦労して来た三人衆にはよくわかる。特に今川との間で、いろいろと確執のあった三人衆にすれば、今川義元などより徳川家康の考え方の方が、はるかにピタリと自分たちの感覚に合う。が、直虎に相当洗脳されてしまった今は、その考え方も時に、

「やはり世に対する不正で、世の中を汚すことになるのではないか?」

というような、罪の意識や反省心を持ちはじめていた。したがって、家康の考え方を全面的に肯定することは出来なかった。それ以上に、

(直虎様は純粋に家康様の進入を信じておられるが、果たして井伊谷にとってそれが

幸せかどうか、ちょっと疑わしくなってきた）
ということは、三人だけになるとしばしば語り合う話題だった。

井伊谷探訪　井伊氏居館跡

井伊氏の居館は、井伊谷城を詰城として、城山の東麓から南麓にかけた区域にあった。東側に本丸、南に回って二の丸、三の丸がLの字型に配置されていたらしい。

この一帯は住宅地、農地、公共用地となっていて、往事を偲ばせる遺構は一切ない。「引佐町四区公民館」前に「井伊氏居館跡」の説明板があるだけだ。公民館北側駐車場付近から「井殿の塚」辺り一帯が本丸で、説明板には「東西凡一町半南北段下迄二町半」とある。公民館が立っているところは二の丸で南大手門・石垣・堀も描かれ、「土手の高キハ二丈低クハ七尺」と記されている。つまり、東西およそ一六四メートル、南北二七三メートルの本丸を約六メートルから二メートルの高さの土手が囲んでいたことになる。

横の駐車場からは城山の頂上も大きく望め、説明板のレイアウト図と対照してみれば、井伊谷城の詰城としての性格がよくわかる。

【道しるべ】▼静岡県浜松市北区引佐町井伊谷六〇七　▼遠鉄バス「井伊谷」下車徒歩約十分

スポット　**大久保忠世**

井伊直政ら徳川四天王に次ぐ「武功派」。大久保彦左衛門（忠教）の兄。家康祖父松平広忠に仕え、家康独立後は三河一向一揆の鎮圧に功があった。小田原の陣の功を認められて小田原城を与えられる。その子忠隣は小田原藩を継ぐが、慶長十八年（一六一三）「大久保長安事件」に連座、また「謀反の動きあり」との讒言によって改易。その影に吏僚派の実力者、忠隣の宿敵でもある本多正信の存在があったともいう。

史跡探訪　**勝鬘寺**

家康が西三河平定に乗り出した当時、最大の障壁となった「一向一揆」拠点のひとつ。三河初の真宗道場で、永禄六年（一五六三）一向一揆が勃発すると、家康に背いて一揆側についた蜂屋貞次らの拠点となった。半年の激戦ののち一揆側は敗れ、堂宇も焼失。一揆鎮圧後、家康は一向宗を禁止、これが解けるのは二十年後のこととなる。

【道しるべ】▼愛知県岡崎市針崎町朱印地三　▼JR岡崎駅徒歩約十二分

六、家康、東へ

「徳政令」の実行と忠臣の死

この懸念は当たっていた。家康は三人衆から直虎の考え方をよくきいたが、心の隅では、

(甘い。夢だ)

と思っていた。家康は岡崎城に帰城して、独立し、織田信長と同盟を結んだ。このとき信長に言われた言葉を忘れてはいない。信長は、

「徳川殿は東へ行け。わしは西へ行く。二人のうちどちらかが天下を取ったら、一方はその家臣になろう。決して争うことはあってはならない。徳川殿が天下を取ればこの信長はおぬしの家来になる。その代わり、わしが先に天下を取ったら徳川殿はわしの家来になれ」

といった。当時の力関係からいって、その信長の言葉に対し抗議することはできなかっ

た。家康は承知した。その時の屈辱と悔しさは、まだ心の一画に根雪のようにはっきり残っている。解けてはいない。しかしその根雪を抱えているうちに、家康の考えも変わって来た。それは、

「信長殿のいうとおり、東へ向かっても、これを決して西へ向かうことよりも負の重荷だ、と思わずに心機一転して、天下を取ってやろうではないか」

という気になって来たのである。いってみれば

「マイナスをプラスに換えて、事業の完成をスピードアップする」

ということである。家康は今までもマイナスの人生を歩んできた。しかし悟ったことがある。それは、

（マイナスの中にもプラスのパワーが潜んでいる）

ということだ。そうであれば、

「そのマイナスをプラスに転換して、自分のやりたいことをやるパワーの一助にすべきではないのか」

ということであった。そう考えると、信長に言われた、

「東へ行く」

ということは、必ずしも自分の人生にとってマイナスではない。むしろ未開の東国の

方が、多くの可能性を含んでいるかも知れない。そうなれば、

「西の一角〈京都〉だけでなく、東国に都があってもいいのではないか」

と思い始めたことだ。この考えは、かつて平将門《まさかど》が持った思想だが、家康は将門とは別にそう考えはじめた。(ちなみに江戸に拠点を構えた家康が、尊敬する神社として庶民に勧めたのが神田明神である。神田明神の祭神は平将門だ)。

だから家康が三人衆から請われる〝井伊谷への進入〟の案に、快く応じているのも、実をいえば家康自身が持ちはじめた、

「東国への野望」

に基づいていた。もちろん三人衆にはそのことを悟られてはいない。したがって直虎にも伝わってはいなかった。

このころの直虎は別なことを考えていた。それは、

「遠江の国には古代から沢山の名族がおられた」

という〝遠江国の歴史〟を改めて手繰《たぐ》り始めたことだ。つまりその名族の中でも、自分の井伊家のように、現在も存在している家が沢山ある。

「その家を、徳川殿はどのようになさるだろうか」

ということと、逆に、

「遠江の豪族たちが、徳川殿の進入にどのように応ずるだろうか」

ということである。これは「進入」を「そのまま、自分たちの現在を保障してくれる」という受け止め方をするか、

「自分たちの今の生き方をめちゃめちゃに乱すやり方をするか」

という二つに分かれる。前者は「進入」だが、後者は明らかに「侵入」になる。直虎が憂《うれ》えるのは後者だ。

「民を愛する徳川殿のことだから、まさかそういうことはするまいと思うが、もしも井伊谷に生きる人々の暮し方を、根底から覆《くつがえ》すようなやり方をされたのでは、徳川殿を期待する意味は全くない。そのときは、たとえ微力でも、井伊谷全体を挙げて抵抗せざるを得ない」

と直虎は考えていた。遠江国に食指《しょくし》を示す大名は、今川家・徳川家康家・武田信玄家などの大所が、いわゆる〝戦国の武将〟と名づけられて、しばしば直虎たちを悩ます連中だ。

さらに、それぞれの家から派遣されているいわば出先機関のような武将がいる。徳川家臣団の中では、南遠江に横須賀《よこすか》城を築いた大須賀康高《おおすがやすたか》・今川家では引（曳）馬城で城代を務める飯尾連龍《いいおつらたつ》・掛川城の城代は朝比奈備中守であり・武田家と深い関わりを持っ

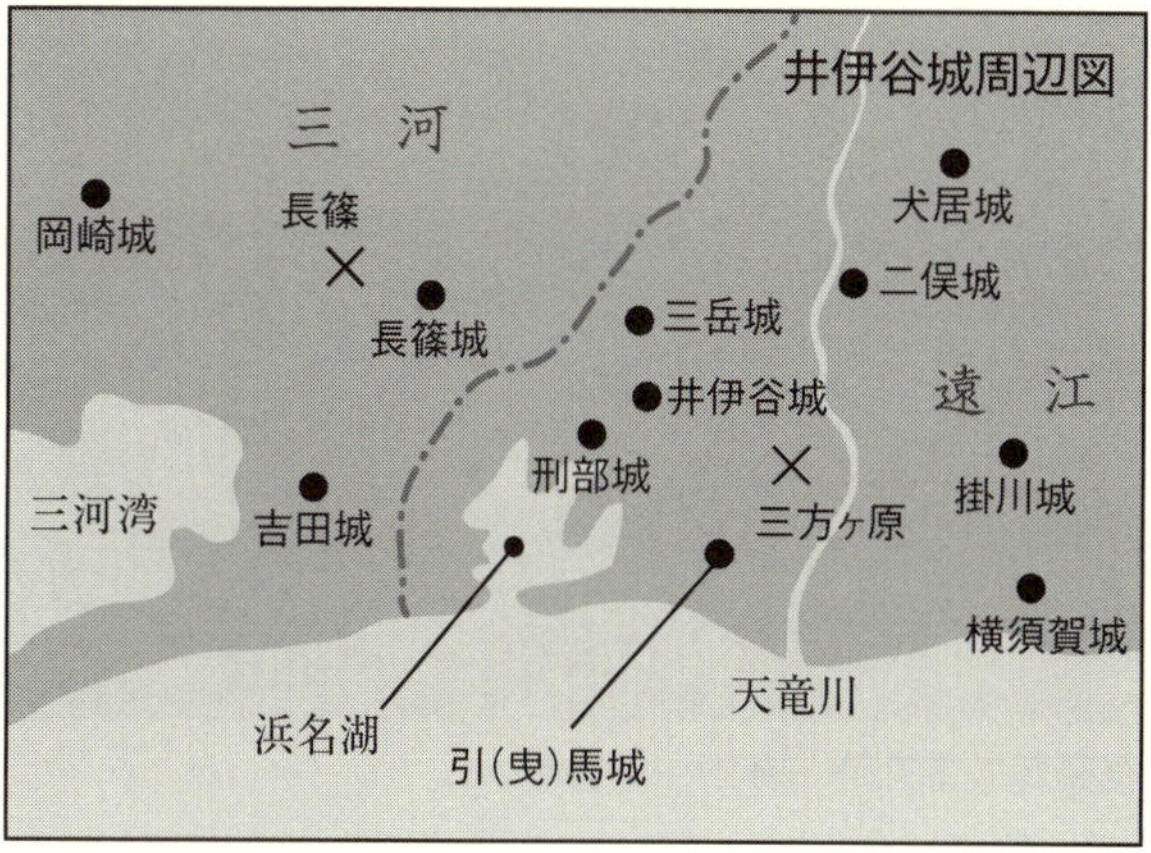

た武将は犬居《いぬい》城主天野《あまの》宮内景貫《かげつら》だ。

　こういう連中の動向も、いま龍潭寺にいる直虎にとっては、常にその動向を把握する必要があった。昔の尼生活とは違う。今は女城主なのだ。城は小野に乗っ取られてしまったが、だからといって、いたずらに敗北感の中に沈面するわけにはいかない。寺に戻ったので、住民の中には、

「直虎様はやはり女性だ。家老の小野に追われて、お寺に戻ってしまった」

と、失望感を持っている者も沢山いるはずだ。しかし直虎は前とは違った。

「たとえ女性でも、女城主としての責任を果たさなければならない」

という気概を強く持っている。そのためには何よりも、

横須賀城本丸跡（静岡県掛川市）

「関わりにあることについて正しい情報を集める必要がある」

と考えていた。その情報を分析し、中に潜んでいる問題点をつまみ出して、

「どうすればよいか」

という解決策を考える。考えた解決策の中から、

「一番良いものを選んで実行する」

という、地域におけるトップリーダーの役割を直虎はきちんとわきまえていた。徳川家康がこの地に来ることを期待していても、それは単に、

「徳川殿の手に井伊谷を渡すことではない」

と思っている。戦国時代は、

「倫理のない時代」

である。仏門に入って尼生活を送って来た直

虎には余計そのことがひしひしと感じられる。

「道の無くなった時代に、道を信じる者はどう生きればよいか」

ということを始終考えている。しかし今の直虎はもはや仏門に籍を置いているわけではなく、現実の世界に引き戻されていた。女城主というのは、

「現実との戦いをどのように行うか」

という、地域における最高の責任者だ。しかし直虎にすれば、

「たとえ現実と向き合っても、自分の信ずる真実は貫き通したい」

という考えは捨てていない。真実を貫くということはいうまでもなく、

「井伊谷の聖域を守り通す」

ということだ。その一点さえ保障してくれるのならば、本当は徳川家康でなくてもよいのだ。今川家でもよいのだ。しかし現在の今川家の当主氏真にはそんな理想はかけらもない。情けないことに、父の義元を織田信長に殺されたあとは、どこか〝逃げ回っているような生き方〟を続けている。しかし、俗にいう、

「腐っても鯛」

ということで、その情けない今川氏真もかすかに勢威（ステータス）を示している。だから、引（曳）馬城の飯尾連龍や、掛川城の朝比奈たちは、なんだかんだと言いなが

らもまだまだ今川家に対する忠誠心は失わない。結局、直虎の立場は、

「徳川・今川の城代たちに監視されている」

ということであった。

間近なところから自分の一挙手一投足が、まるでガラスの壁を通すように見守られているのだ。迂闊《うかつ》なことは出来ない。

そのために直虎は、龍潭寺の中から指揮をして、かねて今川家から命ぜられていた、

「徳政令」

を実行させた。これによって、

「直虎は、今川家の指示に忠実だ」

と思わせる政略をとることにしたのだ。また、たまたま引（曳）馬城代飯尾連龍が、今川氏真から、

「謀反の気配あり」

と指摘された。氏真は指摘しただけでなく、配下の部将に対し、

「反乱人飯尾を討て」

と命じた。鎮圧軍の先頭に、新野親矩《にいのちかのり》が立たされた。親矩はいうまでもなく、小野の乱の時に城を奪われ、さらに命を狙われた井伊虎松の庇護者で、虎松を三河奥の鳳来寺

へ脱出させた人物だ。親矩が直虎に代わって、父親のように虎松を可愛がり、その妻と共に命懸けで虎松を育ててくれている。直虎はそのことを案じて、出陣する新野を止めようとしたが、新野は首を横に振った。

「いや、むしろ飯尾征伐に出掛ける方が、氏真様に疑いを持たれないかと思います。参ります」

と出掛けて行った。これもまた、いわば今川家に対する井伊谷の目くらましであって、直虎が徳政令を行う事によって、一種の〝時間稼ぎ〟をしていたのと同じことだ。しかし直虎は心配した。

「わたしの知る処によれば、飯尾殿はかなり強い武将だと伺っております。あなたにもしもの事があったら、虎松の庇《かば》い手がいなくなります」

「御心配はよくわかります。しかし、今わたしが出陣しなければ氏真様は私を疑うでしょう。引いては、井伊谷全体を疑い、御城主様（直虎のこと）のお立場も悪くなります。やむを得ない事であります。参ります」

新野は決意を繰り返した。直虎は諦めた。この辺が女性とは違う男性の忠誠心だと思った。普通なら、新野の忠誠心は命懸けで虎松の面倒を見ていることだけで尽きる。それだけでも普通の人間にはできない。おそらく日々二十四時間、心の休まる時はないだろ

う。それに今はじめて聞いたが、

「自分にもしもの事があった時は、妻が代って虎松様のお世話を致します」

という言葉に、直虎は胸を打たれた。

（夫婦が心を合わせて、虎松の世話をしてくれているのだ）

ということを知った。しかし新野家の場合には、妻もまた命懸けだ。今川家の監視が厳しいだけではなく、その代理人である家老の小野は、今は井伊谷城にでんと座り込んでいる。城主気取りだ。

しかし直虎を追い出しはしたものの、城の一歩外に出れば井伊谷地域は、直虎の支持者で一杯だ。下手なことをすれば小野はすぐつるし上げにあう。直虎は考えがあって、承知の上で小野の手に井伊谷城を渡した。しかし小野にしても、

（いつ、直虎様は逆襲してくるかわからない）

という警戒心は持っているはずだ。その時真先に槍先を自分に突きつけるのは新野だ。小野は新野も警戒している。直虎を井伊谷城から追い出したときには、小野は、

（二度と、直虎様を容認はすまい）

と思っていた。小野は直虎をはっきり自分の敵とみなしたのである。再び手を結び合って井伊谷のために尽くそうなどという気にはならない。小野はあくまでも今川家の忠臣

であった。

だから、今岡崎城に行っている井伊谷三人衆や新野などは、直虎にとっては忠臣だろうが小野にとっては邪魔でしかない。早くこの世から消したい対象だ。にもかかわらず直虎は小野をそのままにしている。小野にすれば気味が悪い。

（直虎様は油断のならないお方だ。何か魂胆がおありになるに違いない）

と思っている。その直虎の腹心である新野が出陣した。

「引（曳）馬城へ飯尾豊前守を討ちに行く」

という。飯尾豊前守が今川家に二心を抱いたので、今川氏真からそういう命令が来たのだという。小野はニンマリ一人で笑った。

（飯尾はなかなかの猛者《もさ》だ。簡単には討たれまい。場合によっては、新野の奴が返り討ちにされる）

と感じたからである。

引（曳）馬城主飯尾氏は、すでに長連《おさつら》・賢連《ただつら》・乗連《のりつら》・連龍《つらたつ》と四代続いている。この時代ではすでに浜松地方の有力な武将だった。

引（曳）馬城主になったのは、今川氏が招いたからである。それまでの飯尾氏は室町幕府で奉行人だった。しばしば上洛する今川氏の誰かが、その能力を見抜いたものだろ

う。当時、遠江地方は、数多い豪族たちが連立していて、しかも、

「反今川」

を堂々と表に出す者が多かった。はっきりいえば、駿河に拠点を置く今川氏は、

「遠江地方の豪族は手に負えぬ」

と閉口していた。そこで、

「だれか、豪族たちを鎮圧し、まとめるような手腕のある武士はいないか」

と物色した後に、室町幕府で奉行人を務める飯尾氏を発見したのである。

この時の飯尾氏の当主は長連だった。発見者である今川の当主は氏親だったという。氏親の特別の招きによって、遠江にやって来た飯尾長連の名を怖れたのか、氏親の代には豪族も静かにしていた。が、氏親からその子の義忠に代が代ると、たちまち中遠江の東遠江にかけての豪族横地《よこち》・勝間田《かつまた》の二人がはっきりと、〝反今川色〟を示し狩野介の拠点である見付《みつけ》の城に籠って反旗を翻した。気負う義忠は大軍を率いて駿府を発し、見付に籠っている横地・勝間田の両氏を激しく攻撃した。そしてこの時の合戦は義忠が勝利した。横地・勝間田の両家は滅びてしまった。

が、完全に後を絶ったわけではない。

駿河へ凱旋する途中、突然襲って来た横地氏の残党によって義忠は討れてしまった。

これを〝塩買坂《しょうかいざか》の合戦〟という。そしてこの時に、供をしていた飯尾長連も一緒に討ち死にしてしまったのである。

当時まだ生存していた義忠の父今川氏親は、飯尾長連の代わりに大河内貞綱《おおこうちさだつな》を招いた。記録によると、この大河内貞綱が、引（曳）馬城の本格的な築城者であったという。しかしこの大河内貞綱も今川氏親に反旗を翻した。そこで今川氏親は引（曳）馬城を攻めて大河内貞綱を城から逃亡させた。

そのために、大河内の後に今川氏親は再び飯尾氏の子孫を城代にすることを定め、浜松地方の代官に討ち死にした長連の子賢連を任命した。賢連は浜松地域の代官として引（曳）馬城に入り、その後飯尾氏は賢連から乗連へ、そして乗連から連龍へと引き継がれてきた。

しかし直虎は、

「飯尾家には代々反今川の血が流れている」

と感じていた。そのとおりだった。今度も連龍が反旗を翻したので、秘蔵子である新野親矩が出陣せざるを得ない羽目に追い込まれたのだ。

直虎の勘は当たったった。飯尾連龍は猛将であった。そしてかれはすでに、

「今川家など目ではない」

と思っていたから、勇将の下に弱卒なしで、部下将兵も非常に強かった。引（曳）馬城の城兵は城ぐるみで抵抗した。結果、新野親矩は討ち死をしてしまった。反対に、飯尾連龍以下の城兵はほとんど損傷なく健在だった。

この報がもたらされると、龍潭寺の直虎は胸が痛くなった。

（やはり、思った通りだった）

と感ずると、

（なぜ、あの時もっと面を犯して新野殿を止めなかったのだろうか）

と、自分の失策が悔やまれた。しかし、悔やんだからといって新野が生き返るわけではない。新野の死は事実として受け止め、今後の方策を考えなければならない。幸い新野は出発前に、

「自分に何かあった時は、妻が代わりを務めます」

と言ってくれていたので、直虎はすぐ新野の家を訪ねた。が、残っていた家人は、

「奥様はすでに鳳来寺へ向かっておられます」

という返事だった。直虎は本当ならすぐ新野の妻の後を追って、自分も鳳来寺へ行きたかったが、ぐっと堪えた。そんなことをすれば、新野の死で有頂天になっている小野の奴がさらに調子に乗るに違いない。そのことがわかっていたから、直虎は、

「それではどうぞ、奥様によろしくお伝えください。虎松のことをくれぐれもお願い申します」

と伝言を残して龍潭寺へ戻って来た。

その後しばらく直虎は、「遠江の名族たち」の探訪に時を過す。

遠江の豪族たちの名は、「保元物語《ほうげんものがたり》」の中にすでに三人みえている。横地・勝田（勝間田）・そして井の三氏だ。井氏の登場もかなり早い。

遠江に伝わる名族伝説

遠江に武士団が発生したのは、もちろん荘園制の実施と関わりが深いが、この地域の特色としては「牧（牧場）」が多かったことである。

牧としては、相良《さがら》・笠原《かさはら》・白羽《しろは》などというのがあり、これらの牧場を中心に武士団が生まれた。横地・勝間田・井伊・浅羽《あさば》・相良・内田・家吉・新野・源《みなもと》などがそれだ。

研究者によれば、これらの武士たちの名字は現在も地名として残っているという。また、寺院を中心に武士が発達した時は、寺の号がそのまま地名になっているという。頭《ず》陀寺《だじ》・龍禅寺《りゅうぜんじ》・鴨江寺《かもえじ》などはいずれも真言宗の古い寺で、その寺名が地名になっているという。

前記の牧を中心にした武士団たちの姓は、そのまま地名を名字にしたのだろうから、現在もそのまま使われている場合が多いという。たとえば横地氏の場合は、菊川市菊川町横地、勝間田氏は、榛原郡《はいばらぐん》勝田郷、現在の牧之原市榛原町勝間田だという。井氏については云うまでもない。浜松市引佐町井伊谷である。浅羽氏は浅羽庄からとった。今の磐田市《いわたし》浅羽町である。相良氏は今の牧之原市相良町の一画に拠点を持っていたという。内田氏はかつての上内田、現在の掛川市内田である。新野太郎については現在の御前崎《おまえざき》市浜岡町《しはまおかまち》新野を伝承地としているそうだ。

だから引（曳）馬城の合戦で討ち死にした新野氏は、古い伝承を持つ名族だったわけだ。源清倫《きよとも》は蒲《かば》の庄を拠点とする蒲氏だ。この清倫の女藤姫《ふじひめ》が源範頼《のりより》（頼朝《よりとも》の弟）の室となって、一女をもうけた話は有名だ。

範頼と遠江との関わりは深く、父は源義朝《よしとも》だが、遠江国池田宿の遊女が生んだのが範頼だという。そしてかれは稲荷山《いなりやま》（浜松市飯田町）で成長したというから、幼少年時代からすでに遠江と関わりを持っていた。

虎松を育てている関係から、直虎は特にこの範頼に関心を持った。範頼の生涯が悲劇的だったからである。

伝承によればこの地方では範頼は〝蒲冠者《かばのかんじゃ》〟と呼ばれていた。かれは前に書いたように源義朝の六男として生まれた。母親は遠江国池田宿（磐田市豊田町池田）の遊女だったといわれているがはっきりしない。子供の時から地域の名士である蒲氏のもとで育てられた。頼朝が挙兵後に参戦し、頼朝の命令によって木曽《きそ》義仲《よしなか》を破ったり、あるいは義《よし》経《つね》と一緒に平氏《へいし》の打倒に参加した。特に戦功をあげたのは一ノ谷《いちのたに》の戦いだという。

やがて九州にまで軍旅を続け、平氏が滅亡した後も九州にとどまっていたという。やがて頼朝と義経の確執に巻き込まれて、範頼も頼朝の命によって伊豆《いず》に流されてしまう。そして最後は疑い深い頼朝によって伊豆修善寺《しゅぜんじ》で暗殺されてしまう。これが範頼の暗い一生である。

直虎は自分の経てきた過去の暗い谷の経験を思い出すと、範頼の生涯がまるで自分の事のように哀感を帯びて思い起こせる。範頼が幼少年時代を過ごしたという蒲氏もまた浜松地方の名族である。先祖は越後守仲挙《えちごのかみなかたか》と言ったそうだが、平安時代に遠江に来た。そして蒲一帯の開発を行い、広大な土地を所有するようになった。そのため、政府からいろいろと、いちゃもんをつけられたので、蒲氏は自力によって開発した広大な所有地を伊勢《いせ》神宮に寄進した。開発地はそのまま伊勢神宮の所領地として「蒲御厨《かばのみくりや》」となった。

蒲氏はここの管理人（荘官）に任命された。鎌倉《かまくら》幕府成立後は、幕府によって蒲氏は伊勢神宮の荘官であると同時に、幕府の地頭職を命ぜられた。ベンチャー精神に燃えて、自力で未開の土地を開発し、ようやく今度はそこを自分の思うように経営して行こうと思っても、結局はその時の強大な権力によって開発地は取り上げられてしまい、管理人として務めなければならないような運命が、その頃地方豪族の生きる道であった。この辺から、思想的には、「下剋上の考え」が生まれてくる所以《ゆえん》だろう。

かつては平氏の勢いを慮《おもんぱか》り、その後は兄頼朝の勢いを気にしながら生きていた範頼が、それでは遠江のどこに住んでいたかということになるが、研究者の丹念な調査によれば、飯田稲荷山あたりではないかといわれる。現在龍泉寺《りゅうせんじ》というお寺が建っている地域だという。屋敷は五万三千平方メートルにも及んでいたというが、現在龍泉寺の境内は約一万平方メートルで、昔の五分の一だ。

ここの地域では、老樹が枝を広げて、住民たちの〝信仰の森〟となっている。これは井伊谷の人々が、井伊家の先祖共保が捨てられていた井戸を〝聖井〟として、ずっと尊んできたのと同じである。

龍泉寺ははじめは山寺野に創建された東光山龍泉庵という小さな庵であったらしい。

これが室町《むろまち》時代になって、範頼を偲ぶ有志が、

「範頼が館を構えていたであろう」

と伝えられる地に移して、大永元（一五二一）年に、範頼を弔う意味で新しく稲荷山龍泉寺としてスタートさせた。いってみれば、龍泉寺は、

「範頼供養の寺」

である。そのために範頼が住んでいたであろうと推測される地に建立したのである。寺の墓苑内に、範頼の供養塔が建てられている。香華が絶えない。供養塔は、二メートル余の高さを持つ五輪塔だ。碑面に、

「源公大居士蒲御曹司前三河守源臣範頼」

と刻まれている。

範頼の墓は鎌倉建長寺《けんちょうじ》の末寺にあたる海蔵山太寧寺《かいぞうざんたいねいじ》にあるので、龍泉寺の五輪塔はあくまでも、〝範頼供養のため〟として建てられたものだ。

直虎が知った範頼の伝説にはもう一つ面白い話がある。それは、範頼が修善寺で殺された時に、その愛馬が走りに走って、龍泉寺のあるところまで達すると、バッタリ倒れ、そのまま息が絶えたという。範頼の関係者の中にこの馬のことを知っている者がいた。

「この馬は、範頼様の愛馬だ」

と叫んだ。馬の身ながら、範頼が修善寺で殺された時に、おそらく範頼の乗馬として側に仕えていたのだろう。それが主人が殺されたと知るや、主人の生まれ育った懐《なつ》かしい遠江の稲荷山まで走りに走って、辿り着いた途端に息絶えたのである。地域の人々は、

「何という主人思いの馬なのだろう」

と感動して、馬の遺体を丁寧に葬った。これが範頼の供養塔から南に五十メートル離

源範頼の供養塔（浜松市龍泉寺）

れたところにある「馬頭観世音」の石像だという。だから台座に、

「範頼公愛馬供養」

と刻んだ字がはっきり読める。最初は単に、

「駒（馬）塚」

と呼ばれていたものを、その後住民たちが馬の忠誠心を長く世に伝えるために、塚の上に石像を安置し

たのだという。

この話を聞いて直虎はうっと瞼《まぶた》を熱くした。直虎は心優しい女性だ。そしてさらに今の境遇がいってみれば〝孤独な女城主〟である。したがってこういう、

「心温まるエピソード」

には弱い。彼女はこの馬の心を慮って、ひっそりと涙を流した。

しかしそれにしても遠江に住んでいた範頼がなぜ「三河守」という官名を授けられたのだろうか。本当なら「遠江守」のはずだ。

範頼の供養塔が建っている地域は、

「まるでこの井伊谷のように、静かで土や緑、あるいは川の水、さらに漂う空気が本当に美しいところでございますよ」

範頼が好きで、その遺跡を訪ね歩いて来た家臣の一人が直虎にそう告げた。直虎にはその稲荷山の里の光景が、そのまま告げる家臣の言葉通り想像することができた。頭の中でそういう光景を描きながら、直虎は頷く。そして、

「そうね。きっと範頼様はそういう里の光景が好きでいらっしゃったのに違いありませんね」

と頷いた。直虎がもう一つ家臣から聞いた話で、

「え、ほんとう？」

と感じた伝承がある。それは、

「日蓮《にちれん》上人の父は、遠江の出身者だった」

という伝えである。

これは地元研究者の丹念な探訪によって得られた研究成果だが、現在の静岡県袋井市広岡久津部というところに、「貫名山妙日寺《かんみょうさんみょうにちじ》」というお寺がある。日蓮宗だ。境内には、日蓮上人とその父妙日《みょうにち》、そして母妙蓮《みょうれん》の姿を刻んだ三体の木像を安置した思親殿がある。さらに、日蓮の先祖である貫名《ぬきな》家の歴代の墓碑が並んでいる。

日蓮に関わりを持つ遺跡は日本諸所にあるが、中でも彼が育ったという千葉県小湊《こみなと》や、山梨県の身延山《みのぶさん》が有名だ。が、この袋井の妙日寺も、前二か所の遺跡と共に、

「日蓮上人に関わりを持つ三遺跡」

の一つに数えられている。しかし、必ずしも妙日寺がそういう目で知られているわけではないそうだ。

しかし遠江地方の古い資料によると、日蓮の父は遠江国山名郡貫名郷の豪族貫名三郎重忠《しげただ》で、母は北面の武士山崎左近将監良兼《やまざきさこんしょうげんよしかね》の女梅菊《うめぎく》とされている。山名郡貫名郷という のは、現在の袋井市広岡の上貫名・下貫名のことであろう。そしてこの地で活躍した貫

名氏の初代四郎政直《しろうまさなお》が、この地域に居を定めたのは鎌倉時代の初期だったという。

遠江で名族といわれる中に、井伊氏が入るのは勿論のことだが、共保を初代とする井伊氏は、平安《へいあん》・鎌倉・南北朝《なんぼくちょう》・室町・そして江戸《えど》時代を通じて、絶えることのない家系を持つ名門である。

初代共保から続いた家系で、六代目に盛直という人物がいた。この盛直に三人の男子が生まれ、長子は良直で井伊家を相続した。次男俊直《としなお》は赤佐三郎《あかささぶろう》と名乗って、赤佐氏の初代になる。三男政直《まさなお》は貫名郷に土地を貰って地名をそのまま姓とした。すなわち貫名氏を称した。

貫名氏は、二代目が行直《ゆきなお》、三代目が重実《しげよし》、四代目が重忠と継承された。この重忠が三十二歳のときに、領地争いが起こって、重忠はこれに関わったという理屈を立てられ、鎌倉幕府は安房《あわ》国小湊に流罪にしてしまった。

小湊の地で流人としての生活を送るうちに、重忠とその妻の間に男の子が生まれた。これが日蓮である。貞応元（一二二二）二月十六日のことだった。

日蓮はもちろんその後諸国をめぐって辻説法に努力し、やがて日蓮宗を起こす。父重忠は正嘉二（一二五八）年に、小湊で死んだ。

このころの日蓮は変わらずに諸国を歩いていて、布教に力を注いでいた。重忠は死ぬ

直前に、日蓮の弟に当たる子の重友《しげとも》を呼んで、

「わが貫名家の先祖の血は遠江の貫名郷である。自分は罪を得て生きている間に故郷に戻ることが出来なかった。ついては、遺体だけでも貫名の郷に葬ってほしい」

と遺言した。これは「新撰長録寛正記《しんせんちょうろくかんしょうき》」という古い記録に、次のように書かれている。

「正嘉二年二月十四日条
貫名重忠、安房国長狭郡東条の辺、市川《いちかわ》の配所に死す。重忠死に臨み、その子重友に遺言し、遠江国貫名村に帰葬せしむ。貫名村は山名郡にありて重忠が四代の祖貫名四郎政直より重忠まで代々知行せるところなるが、重忠伊勢平氏に与せしとし安房国に配流せられ、還るに及ばず、終に配山に死するに至れるを重忠深く遺憾とし、遺命して祖先の墳墓に葬らしめたり。今妙日寺の境内はその宅地なり。日蓮上人は重忠の子にして、日蓮宗を創むるに及びその旧宅地に一《いち》伽藍を建立す」。

しかし「妙日寺記」によれば、寺は本山身延山久遠寺《くおんじ》の三世日善《にちぜん》和尚が、日蓮とその両親の菩提をとむらうために創建したものとあり、貫名氏の氏姓をとって、山号を、

「貫名山」

とし、さらに重忠の法号である、

「妙日法儀」から「妙日寺」の寺号を設けたという。そして開創は南北朝期の正慶二

（一三三三）年八月としている。

以上のように、遠江地方に伝えられる古記録によれば、日蓮上人の父貫名重忠は、井伊家の六代目盛直から分かれた三男の流れだということになる。

直虎は日蓮宗の信者ではない。しかし、かの有名な鎌倉仏教の祖の一人である日蓮が、

（わが井伊家と血の関わりがある）

と思うと、胸が温まった。

直虎もそうだが、井伊家は龍潭寺の大きな檀家であり、龍潭寺は古くから臨済宗妙心寺派の法灯を伝えてきた。

もともと龍潭寺の歴史は古く、奈良時代に行基《ぎょうき》菩薩が開創したと寺伝では伝えている。室町時代の井伊家二十代直平が帰依した黙宗瑞淵《もくしゅうたんえん》禅師が、新たに龍潭寺の開山になった。そして遠州地方に京都の妙心寺《みょうしんじ》派の流れをくむ臨済宗を広め今日に至っている。

花の多いお寺で、〝花暦〟をめくれば、一月から三月上旬には梅・つばき・さざんかが咲き、三月は中旬まで白蓮と木蓮が咲く。

三月下旬から四月中旬にかけては桜と八重桜が美しさを競い、四月上旬にはドウダンが訪ねる人の目を楽しませる。さらに四月は下旬にかけてツツジと藤が咲く。

五月は六月上旬にかけてさつきが咲き、五月上旬から九月中旬までは庭の池にスイレ

小堀遠州作の龍潭寺の庭（浜松市龍潭寺）

ンが咲く。五月下旬から六月にかけては沙羅《しゃら》の花が咲き、六月上旬から七月にかけてあじさいが咲く。

七月から八月にかけては百日紅《さるすべり》が美しい桃色の花を咲かせ、七月中旬から八月にかけてはハスやのうぜんかずらが訪ねる人の目を楽しませる。八月にはやぶらん、九月下旬から十月にかけてはきんもくせいと萩《はぎ》が、

そして十月中旬から十一月にかけ秋明菊《しゅうめいぎく》とつわぶきが、十一月中旬から十二月「上旬には紅葉が、そして十二月上旬からは千両とクロガネもちの実が冬の厳しさに震

小堀遠州（東京大学史料編纂所蔵）

える人々の心を温める。

寺の年間行事としては一月十五日に「大般若祈祷」が行われ、二月十五日に「ねはん会」、三月春分の日に「彼岸会」、四月八日には「花祭り」、八月十五日「盂蘭盆会」、九月秋分の日に「彼岸会」そして十二月三十一日に「除夜の鐘」が鳴る。

龍潭寺の庭は有名で、天下の名園として名高い。このを造ったのは有名な小堀《こぼり》遠州《えんしゅう》だ。小堀遠州は近江《おうみ》の国（滋賀県）長浜《ながはま》の出身で、「遠州流」の茶道を興した。二条《にじょう》城二の丸庭園の作庭などをした当代一の文化人だ。

建築にも造詣が深く、駿府城の作事奉行を勤めた。この時同じ作事奉行を勤めたのが井伊家二十五代の直孝《なおたか》である。二人は親しかった。現在も二条城は京都の名所の一つで、四季折々の変化を楽しむために、多くの見学者がいる。

徳川と井伊の意外な関係

遠江の名族と、直虎に関わりのある人物との関係は、これだけでは終わらなかった。ある日岡崎城からやって来た井伊谷三人衆がこんなことを言った。

「御城主様」

三人衆は、たとえ女性であっても井伊家の当主になった直虎にはこういう呼び方をする。

「はい、何でしょう」

「先日、徳川家康殿はこんなことを申されておりました。自分の妻は井伊家の血を引いている、と。本当でございますか」

「さあ」

直虎は驚いた。そんな話は聞いたことがない。ただ、直虎の記憶にあるのは、井伊家二十代の当主直平の女が、今川家へ人質として出されたということである。直虎はその話をして、

「あるいは、その娘が今川家に深く関わりを持ったのかも知れませんね」

と答えた。三人衆はあまり納得した顔ではなかったが、

「徳川殿にもう一度訊いてみましょう」

と言って帰って行った。直虎は南渓にこのことを話した。南渓は微笑んだ。

「直虎殿の名族探しも、ついにそこまで及んだか」

と笑った。直虎は引っかかった。

「和尚さまにも何か御存知よりの向きがおありなのですね」

直虎の言葉に南渓は頷いた。

「三人衆の話は正しいよ」

「え、では?」

聞き捨てならない話だとして、直虎は南渓に詳しい話を迫った。南渓は説明した。

◎ 井伊家二十代の直平の娘は今川家の人質として差し出された。この時「井伊家は今川家に臣従いたします」ということの意思表示であった

◎ 人質になった直平の娘はやがて今川家の当主義元の側室になった

◎ しかし、娘は今川家の重臣である関口親永《せきぐちちかなが》（義広《よしひろ》）の妻になった

◎ 親永との間に娘が一人生まれた

◎　この娘は成人して当時人質であった松平元康の妻になった。元康よりはるか年長である。つまり姉様女房であった
◎　通称を〝築山御前《つきやまごぜん》〟と呼ばれた

直虎は仰天した。

「誠でございますか」

と確かめた。南渓は笑顔で頷く。

「事実だ。しかし、この築山殿は必ずしも元康殿を大切にしてはいない」

「え」

「やはり、築山殿にしてみれば、母は遠江の名家である井伊家の娘だという誇りがある。同時にまた母は一時は今川義元の側室としての立場も保った。そして、父親は今川家代々の重臣である関口家だ。これも彼女の誇りをさらに強めた。しかし当時の元康殿は、今川家の人質で、松平家はまだそれほど名の高くない三河の奥の一豪族だ。わが井伊家の血を引く築山殿の誇りでは、こんな山奥の豪族の息子の嫁になるのか、と嘆かわしい事であったに違いない。その頃の築山御前はおそらく、今川家でも名のある武将の妻になりたいと思っていたに違いないのだ。いや、これはやはり人間の縁で、仏の導く運命としか言いようがない」

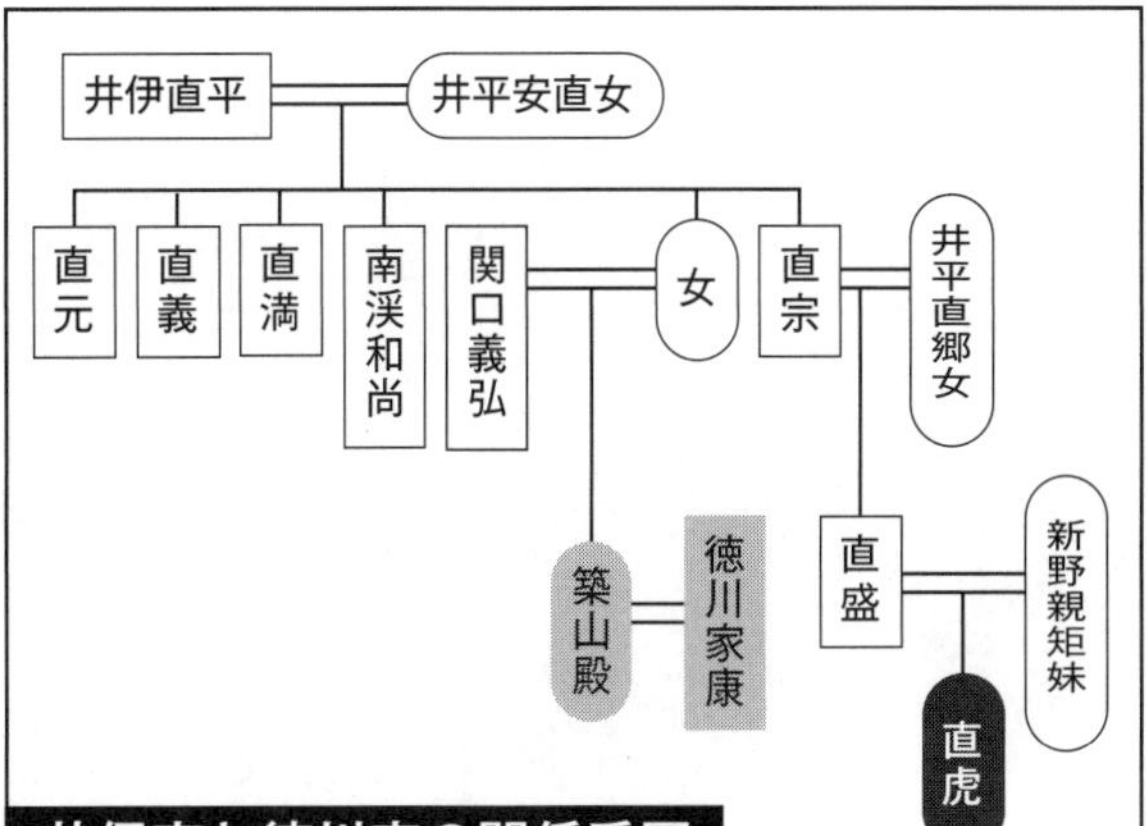

井伊家と徳川家の関係系図

最後は自分の感想も含めて、南渓は一部始終をそう総括した。余談だが、後に築山殿とその生んだ信康は、二人とも家康によって殺されてしまう。織田信長の指示によるものだが、家康にとっては何とも後味の悪い、割り切れぬ事件であったろう。しかしこれはまだ直虎のあずかり知らぬことだ。

　系図の上からもう一度井伊家の血縁関係を確認してみると、二十代井伊直平の跡を継いだのは二十一代の直宗で、その後が直盛である。つまり、直虎の父親だ。そして直平には直満と直義、直元という男の子がいたが、直満と直義は前に書いたように、家老小野の讒言によって今川家で謀殺されてしまう。

直虎の父直盛の父、すなわち直虎の祖父直宗の弟が南渓瑞聞になる。だから南渓瑞聞も、今川家の横暴さによって、つぎつぎと自分の弟たちが殺されていく辛い現実を、何度も味わっている。

それだけに、たとえ女性でも直虎に対し、

（井伊家の家系を嗣ぐ大切な存在だ）

という気持ちは一際深く、井伊家の血を嗣ぐ幼い子たちに対しても、必死の庇いたてをするのはそのためだ。それに龍潭寺の僧であるという立場が有利に働いた。

系図を見ると、井伊直平の娘が関口義弘の妻になっている。生んだのが築山殿で、その夫が徳川家康と書いてある。そうなると直虎にとって、徳川家康という存在は遠い祖先の話ではなく、現実に今この世に生きている一族との関わりが、かなり密接だということになる。そのことは何を意味するか。直虎はこんなことを考えた。

（虎松を徳川殿の家臣にして、特別に目を掛けてもらうことが出来ないだろうか）

ということであった。

一旦そういう思いを胸の中に湧かせると、どんどんその思いが泉のように水を吹きだした。まるで、大切にしている聖井から迸《ほとばし》り出たような気がする。思い立って直虎は岡崎城に手紙を出した。三人衆宛だ。

「折り入って頼みたいことがあるので、時間がある時に井伊谷に来ては貰えまいか」

という内容だ。やがて三人衆がやって来た。

「急なお話とはどんなことでございましょう」

訝《いぶか》りながら三人衆が訊いた。直虎は自分の考えを話した。三人は顔を見合わせた。それぞれの目に明るい色が点ったのを、直虎が認めた。

「いかがです?」

と訊いた。三人衆は互いに頷いた後、

「誠に結構なご案と存じます」

と応じた。

「賛成してくれますか」

「致しますとも。これによって井伊家と徳川家の絆《きずな》が、さらに太く固いものになりましょう。よいお考えです」

三人衆はためらわずに頷いた。

合意した四人は、今度は手段を考えた。

「いつ、どこで虎松を徳川家康に会わせるか」

ということだ。今までは、四人の間で合意していたことがある。それは、

「虎松が元服を行い、その機会に徳川家康殿の陣に馳せ参じさせ、初陣の功を立ててそれをきっかけにしよう」

ということだった。しかし、たとえ細い糸でも血のつながりがあるとわかった以上、これは急いだ方がいい、というのが四人の判断だった。

今虎松は五歳になる。多少は、世間知のわきまえが頭に沁みこむ年頃だ。それに虎松は賢い。幼い時から生命の危険を感じ、あちこちを転々としているのでその点は家康が竹千代だった頃と似ている。家康は、よりによって叔父に売り飛ばされたことがある。本来は、今川義元の人質になるはずだったのに、戸田《とだ》という叔父によって逆に敵対している織田信秀《のぶひで》（信長の父）に五百貫文で売り飛ばされてしまったのだ。

その後二年間、竹千代（家康）は、織田家の人質として暮らす。それを取り戻したのが、今川義元のブレーンだった太原雪斎である。雪斎は、織田方の城を先頭に立って攻め立て、信長の兄を捕虜にした。そして、

「この捕虜と竹千代を交換したい」

と、捕虜交換を申し出て竹千代を奪い返したのである。

しかしだからといって太原雪斎はすぐ竹千代を岡崎城に戻したわけでない。そのまま駿府に連れて行って、今川家の正式な捕虜にしてしまったのである。

しかし、雪斎は傑僧で、竹千代の類まれなる資質を見抜いた。そうなると〝人育て〟がこの世に生きる喜びの一つである僧の立場から、主人の今川義元よりももっと念入りに竹千代の訓育に力を注ぎ始めた。

「そんなに竹千代の訓育に力を注いで、将来はわしに敵対させるつもりなのか？」

と、当主の今川義元が、やっかみ半分にそんなからかいの言葉を投げつけたほどであった。しかし雪斎は笑って相手にしなかった。

（雀《スズメ》のような存在が、鷲《わし》のような大鳥の気持ちがわかるものか）

と、すでに心の一部で持っている義元への侮蔑《ぶべつ》の念を燃え立たせた。

三人衆の報告によれば、

「徳川家康公は鷹狩が非常にお好きだ」

ということだ。しかしこの鷹狩は口実で、

「真の狙いは、農民や庶民の暮らしの実態をお知りになりたいがためです」

と三人衆は言う。それは、

「帰国当初の三河一向宗徒の一揆が、骨身に染みているからでしょう」

と説明した。直虎には納得がいった。しかし今三人衆が言った、

「一向宗徒が原因でしょう」

という言葉には引っ掛かった。というのは、直虎は家康を、

「駿河の人質時代に、人間の心の実相を見た家康は、岡崎に残してきた家臣たちとの絆が一層強まった。そしてその絆の太さや強さは領民との間でも同じものがあると信じていた。ところが、一向宗徒たちはたまたま家康の家臣が、条例に従って行った経費負担を嫌って、いきなり領主に背いた。これは家康の心を大きく傷つけたに違いない」

と分析している。この傷が結局は家康に、

「わかった。わしと領民との間には信頼の絆がないということをよく承知した。領民は、自分の得にならない領主だと見れば、どんな経験を経てこようとも反乱を起こすものなのだ、ということを身に染みて知った」

と思ったに違いない。だから直虎の分析は、

「家康殿が嘘をついて一向宗徒を騙し、結果的には自分の思い通りに飼いならした」

という認識を持っているのは、やはり直虎の心の一隅に、徳川家康に対する不信感が存在することを物語っている。

井伊谷探訪 二宮神社

城山頂上から元の道を戻ると、途中で左に分け入る道がある。標識には「二宮神社」と記されている。この山道をしばらく下り、東山麓の平地に出る手前で、神社の本殿が現れる。これが二宮神社で、多道間守と、この地に所縁の宗良親王二柱の祭神が祀られている。このため、「二宮」とされたという。拝殿前の案内板には「……往古は三宅神社と称し奉り……第十一代垂仁天皇の勅諚に応え常世の国から我国へ橘を招来したのがこの祖神多道間守で当地発祥の井伊家は式内社渭伊神社を象徴する井桁と当三宅神社の橘とを家紋と致しました。……」とあり、井桁の中に橘を配した井伊家の家紋の一つも描かれている。

境内にはまた「足跡石」という角ばって表面に無数のくぼみのある大きな石が置かれている。このくぼみは鬼の子供の足跡だと伝えられ、子供の足をこの石に触れさせて、鬼の子供のように強くなれと祈った、との説明書きが添えられている。

拝殿前の石段を下り、参道を一〇〇メートルほどで国道二五七号線に出る。南に少し行けば、井伊氏居館跡、井殿の塚などのエリアもほど近い。直接神社に向かう場合は「井伊谷」バス停から五〇〇メートルほど歩くことになる。

【道しるべ】▼静岡県浜松市北区引佐町井伊谷二〇六▼遠鉄バス「井伊谷」下車徒歩約八分

井伊谷探訪　三岳城址

井伊谷城から北東、直線距離約二・二キロ地点の三岳山（標高四六六・三メートル）にある山城である。戦国時代初期まで周辺の井伊氏諸城の本城としてあった城で、築かれた年代は南北朝期。ここに宗良親王を迎え、北朝方の軍勢との戦いの拠点となった。だが暦応三年（一三四〇）に落城。戦国期に入ると、井伊氏は今川氏に叛して大河内氏とともにこの城に拠ったが、永正十一年（一五一四）朝比奈氏に攻められ再び落城した。その後の廃城の時期は明らかになっていない。

三岳山は井伊谷城からも、また井伊谷の町からも至近に眺められる山で、地元の手軽なハイキングコースとなっている。三岳神社まで車で入り、そこから山道を三十分ほど辿れば山頂で、コースの途中には分岐や遺構を示す標柱が設置されている。頂上には「史跡三岳城跡」と刻まれた石柱が建つ。山頂一帯と、そこから伸びる東の尾根が城域で、頂上周辺が一の城（本丸）、東尾根が二の城（二の丸）、登り口の三岳神社のあたりが三の城（出丸）の連郭式構造。国指定史跡で、枡形門跡、曲輪、土塁、虎口、二重堀切、堀切などの遺構が、明瞭とはいえないが残っている。

頂上からは天気に恵まれれば、浜名湖から遠州灘まで絶景が望めるという。

【道しるべ】▼静岡県浜松市北区引佐町三岳　▼天竜浜名湖鉄道金指駅もしくは遠鉄バスで金指駅下車タクシー「三岳神社」下車徒歩約三十分

史跡探訪　鳳来寺

幼少期の虎松（直政）が、直虎や新野親矩、南渓瑞聞の計らいでかくまわれていた寺である。標高六八四・二メートルの鳳来寺山南面中腹にあり、表参道の一四二五段の長い階段でも有名。真言宗五智教団の古刹で大宝二年（七〇二）創建と伝わる。その後一時寺運は衰退するが、鎌倉時代に源頼朝が再建、戦国時代に入ると周辺の領主が支援した。江戸時代には、家康の父松平広忠とその妻、家康実母の於大の方が、参籠祈願して家康を懐妊したとの伝えにより、徳川家光が寺領を寄進したほか、堂宇の修築を行い、東照宮も造営。こうして、江戸時代にその最盛期を迎えたが、その後複数回の火災で多くの堂宇を喪失。大正三年（一九一四）には本堂を焼失するが、昭和四十九年（一九七四）再建されて、往事の姿を取り戻している。

寺の背後には「鏡岩」と呼ばれる巨岩がある。平安末期から室町にかけての遺跡と同定されていて、ここからは多数の出土品がある。

また、当寺は、ブッポウソウの鳴き声の聴ける寺としても知られているが、ブッポウソウ（仏法僧）という鳥は「ブッポウソウ」とは鳴かず、実はその鳴き声はフクロウ、ミミズクの仲間、コノハズクの鳴き声である。

【道しるべ】愛知県新城市門谷字鳳来寺一　▼ＪＲ飯田線本長篠駅から豊鉄バス「鳳来寺」下車

七、家康との出会い

「恕」の心

つまり直虎は虎松を家康に預けようとは思っているが、しかし家康の人間性を底の底まで信用しているわけではない。一部の不安感と危惧感を持っているのだ。一方で、直虎は織田信長が持っていた〝あゆち思想〟を、徳川家康も心の一隅に保全し、その夢を追い続けようというわば、

「天下事業に対する理想」

を持っていることを信じている。しかし直虎も尼の生活をかなり長く続けているので、人間の心の変化が限りないものであることも知っている。つまり、

「絶対」

などということは、人の世にあり得ないのだ。そして人の心は何か動機があればすぐ変わる。

（しかし、それを止めることはできない）

すべてはホトケの意思あるいは天の意思に従う以外ない。

今はひたすらに家康の井伊谷入りを待ち、かれの井伊谷と特に虎松に対する扱いを信ずるより以外道はない。そしてそれを早めるよう直虎は決意したのだ。

三人衆の話を聞くと、家康はかなり鷹狩が好きなようなので、いつ・どこへ鷹狩に出るかの情報を集めた上で、こちら側の事情と適合するような日時に虎松を鳳来寺から連れ出そう、ということで意見は一致した。

仏に仕えるべく、尼の道を選んだ直虎はその後の修行によって、ひとつの人生観を堅持していた。それは、

「恕《じょ》の心」

である。これは仏から教えられたものではなく、古代中国の思想家孔子が「論語」に書いた心の持ち方だ。直虎はこの考え方を南渓和尚から教えられた。南渓は言った。
◎　孔子の弟子子貢は、本来はその資質が賢明で孔子が「子貢こそ自分の考えを引き継ぐ者だ」と嘱望《しょくぼう》していたにもかかわらず、子貢にはそういう自信がなかった。子貢は謙虚な人間だった
◎　そこで子貢はある日師の孔子に対し「愚かな私が、生涯を誤ることなく送れるよう

な字がございましょうか。もしあればたった一文字で、それが可能であるという教えを給わりとうございます」と告げた

◎ 孔子は「子貢よ、それは恕という字だ」と教えた。子貢は字引を引いてみた。恕の意味は、「常に相手の立場に立って物を考える優しさと思いやりのこと」と解説してあった

◎ 子貢は喜んだ。「さすが孔子先生はいいことをおっしゃる。この恕の一字を大切に保ちながら死ぬまで生き抜こう」と考えた

◎ 子貢はその後孔子の有力な門人として、当時の諸侯を遊説して歩く。しかし教えは一貫して「恕の心を持って政治を行っていただきたい」と頼んだ。子貢は「恕の子貢殿」として有名になる。

南渓はおそらく、女性の身でほとんどの庇護者を今川氏に殺されてしまった直虎の立場を考え、

「恨みを持って他に対するのではなく、むしろ優しく受け入れる心を持って大乗的に生きるべきだ」

と教えたのである。直虎は南渓の教えをそのまま受け入れた。直虎もまた、

（いたずらに、自分の親族を殺した連中に対し恨みを持って対するよりも、それを逆

に受け入れて善の道に導くことがそのまま仏様の教えにぴったり合う)

と思っていたからである。

だから今、井伊谷城主としてこの地域の政治の頂点に立たされながらも、直虎は、

「恕の心を持ってこの道を歩んで行こう」

と思っていた。したがって、随分今まで身に危難を受けながらも、そのことに対し一々報復しようなどとは考えもしなかった。むしろ、

「これは、仏や天が示した私への試金石なのだ」

と、つぎつぎと降りかかる危難を一種の自分を鍛える試練として受け止めてきた。

ただ、今家康を井伊谷に迎えようとしている心理と、家康の目的が根本的に違うことにまでは気がつかなかった。三人衆から聞く、

「家康の善行や美点」

だけを三人衆が告げるので、直虎の脳裏における〝家康像〟が、非常に好ましいものに変わり、家康の汚れた面やいやらしい面は全く思い浮かべなかったのである。その根本的な点で、

「直虎の目指す井伊谷地域像と、家康の考える井伊谷地域像の差」

があることに、全く思いを致さなかったことである。この点は直虎の理想主義とそれ

龍潭寺（浜松市）

から来る甘さと、そして、
「仏門に入ったために、現実との間に多少距離を置いている認識」
などがあった。

仏門に入ると現実社会で踊り狂っている汚濁《おだく》の片々を、思惟《しい》によって払拭《ふっしょく》する。浄《じょう》化《か》する。そして、この世における〝真理〟の追及に専念する。だから精神的には非常に正常な次元に身を置くということになる。直虎は、龍潭寺で修行している間にその行に勤しんだ。

家康は違った。かれは幼少時から織田信秀・今川義元の人質として、たしかに座敷牢のようなところに閉じ込められたわけではなかったが、現実社会において随分と苦労をした。第一は、周囲における今川家に

勤める武士やその家族が、

「この少年は人質だ」

といって、侮蔑《ぶべつ》の目で凝視しつづけたことである。その屈辱は家康の心の底に解けない雪のように染みついた。

そして、さらに家康の生家である松平家が、三河の奥の山地に拠点を置いていたために、

「一山村の豪族め」

という家格への蔑視がこれに加わったことである。したがって身近には岡崎城から来た忠臣群が彼を囲んでいたが、その人垣の一歩外には、

「侮蔑と蔑視の目の群れ」

が、日々絶えることなくかれを見つめ続けたのである。

この侮蔑と蔑視の中で家康は時折一切を投げ捨てたくなった。しかしその時に、自分に仕える忠臣たちのつぶらな眼差しを見ると、

(この者たちを見捨てて自分だけのことを考えるわけにはいかない)

と、改めてトップリーダーの責務を思い起こしたのだ。

そういう家康にすれば、桶狭間の合戦で織田信長に敵対したものの、今川義元の息子

氏真の意気地のなさに愛想をつかして独立した。そして事もあろうに敵の信長と同盟を結んだ。その信長は、

「徳川殿は東へ、わしは西へ行く。そして互いに天下人になろう。どちらか早く天下人になった者に、それぞれが家臣として仕えるようにしよう」

などという絵空事を言った。この頃の家康に天下を望む気持ちなど持てない。そんな境遇ではなかった。

「どのようにして独立した徳川家を保全してゆくか」

ということが何よりの大問題であったのである。

家康、遠江守に

永禄十一（一五六八）年九月、織田信長は放浪将軍足利義昭を奉じて京都に入った。しかしかれは京都市中に入ることはなく、南の入口ともいうべき位置にある東寺《とうじ》に陣を張った。信長にすれば、

「入洛すべきは足利義昭殿であっておれではない。おれは義昭殿のガードマンなのだ」

という姿勢を示したのである。信長が近江国内を放浪していた義昭を擁《よう》して京都に入ったのは、いうまでもなく義昭を将軍にするためである。義昭の兄第十三代将軍足利義輝《よしてる》は、家臣によって殺されていた。義昭はその時奈良の寺にいたが、これを救い出したのが細川藤孝《ほそかわふじたか》（幽斎）である。細川は足利幕府の忠臣で、

「何とかして義昭様を次期将軍に就任させたい」

という悲願を持っていた。そこで京都を脱出し、奈良の寺にいた義昭を救出し、近江の国の諸将を頼って歩いた。最後は越前《えちぜん》（福井県）の朝倉義景《あさくらよしかげ》のところに寄食したが、朝倉には義昭を将軍に推し立てようなどという気は全くなかった。ただ朝倉家に明智光秀《あけちみつひで》という牢人が寄食していた。細川からその志を聞くと大いに賛同した。

「自分に考えがある」

といって、その頃岐阜城にいた織田信長にこの話を持ち込んだ。信長にとって渡りに船だ。信長は家康と約束したように、

「西へ向かって、一日も早く天下の権を得たい」

と考えていたから、まさに明智の持って来た話は天から降ったぼた餅のようなものだった。

しかしこの時の明智がどういう考え方をしていたかわからないが、信長の〝将軍観〟は、義昭の求めるものとは全く違った。信長は今の日本の政治制度をばかばかしいものとして軽蔑していた。特に、

「将軍などという存在は、世の中に害を与えるだけだ。こんなものは廃止すべきだ」

と思っていた。だからこの時信長が義昭を将軍にしようとした動機は、

「義昭を一旦将軍にして、将軍というのはいかにばかばかしい存在であるか、ということを世の中に告げよう。そして、将軍制度などというのは、一挙に世論によって廃止してしまおう」

と企てていたのである。

義昭はそんなことは露ほども感じない。

「信長がわしを将軍に就任させてくれたら、信長も家臣の一人として優遇しよう。さらに、諸国の大名に今までの将軍のように命令を下すのだ」

と、ありし日の〝将軍の権威〟を夢見て、その夢に浸りきっていた。根本的に信長との〝将軍観〟が違っているにもかかわらず、義昭は古いタイプの将軍の権威というものを信じ切っていたのである。それがすぐ手に入ると思うと、踊り出したくなるような嬉しさを感ずるのであった。

だから、信長と義昭とははじめからボタンの掛け違いで、考え方が食い違っていた。温度差などいう生易しいものではない。根本的に考えが違ったのである。考えの違いというのはそのまま、

「この世に対する向かい方の差」でもあり、さらに「今後の生き方の差」でもあった。信長と義昭の個人の立場からいえば、信長は、

「将軍などという木偶《でく》人形などは世の中に必要ない」

と言い切るし、義昭の方は、

「この国（日本国）の秩序を保つためにも、将軍の存在は必要である」

という。信長は皮肉な見方をすれば、

「将軍などという存在が、いかにこの世の中に役に立たないか、ということを国民に示すために義昭を将軍にする」

という考え方だし、義昭の方は、

「日本国にとって将軍がいかに有用であるかを再確認するために、わしが将軍になる」

という考え方だ。発想が根本的に違う。信長は、

「将軍という存在をこの世から消すために義昭を将軍にする」

ということだし、義昭の方は、

「将軍がいないとこの国がいかに乱れるかを実証する」

と、将軍の有用性を主張する。

残念ながら、こういう信長と義昭の争いの真因が、どこにあるかということは井伊谷の自治に勤しむ直虎には、正確には伝わらなかったに違いない。直虎もやはり、一般的な、

「信長と義昭の権力争いだ」

という見方をしていた。直虎にとっては、そんなことより、

「井伊谷を、住む人々が常に安心・安全をたもって平和に暮らせる理想郷にし、その治め手に今鳳来寺にいる虎松を迎えたい」

ということのほうが、最大の願いだったのである。

長年戦国という時代が続いて、合戦に終始する日本の諸状況に、国民は疲れ果てていた。

「もうたくさんだ」

という考え方が満ち始めている。それは自分たちの生活が安全でなく、安心できない状況も勿論だが、それぞれの大名が民に課す戦費の重さにも疲れ果てていた。そして合戦の度に、自然が荒らされる。大名たちの馬蹄《ばてい》にかけられて、土は巻き上げられ木は切り倒され。草も泣く。

「こんなことがいつまで続いていたら、この国はめちゃめちゃになってしまう」

という悲痛な声は、各地から上がっていた。

幸い井伊谷はまだ戦禍にさらされることなく、大名の軍勢の馬蹄にかかることもなかったから、これは、

「経験した地域と、そうでない地域」

によって、住む人々の受け止め方は違う。井伊谷は平穏であった。それは直虎が城から追い出されても住民たちはみんな平和にくらしている。

「これも女城主様のお蔭だ」

と思っている。

直虎を城から追い出した家老小野の支配は、便宜的なもの、臨時的なものであって本来的なものではない、という受け止め方をしていた。それはまがりなりにも、住民たちも、

「井伊谷は必ずしも独立した地域ではなく、依然として今川家の支配下にある」

という受け止め方が行き渡っていたからである。

こういう一方で信長と義昭におけるいわば、

「天下を対象とした争い」

が起こっていると同時に、地方では、

「争いの範囲が広まった」

という現象が起こっていた。具体的には、

「郡単位で争われていたものが、国単位に変わってきた」

ということである。

大化の改新後律令によって、日本国は六十八に分割された。よく〝六十余州〟というのはこの意味である。州というのは「国」のことだ。これが直虎の身近なところでも起こった。

永禄十一（一五六八）年の二月に、武田信玄は同族の穴山梅雪《あなやまばいせつ》（信君《のぶただ》）を三河の吉田《よしだ》城（愛知県豊橋市）に送った。城代は酒井忠次《さかいただつぐ》である。本当なら直接徳川家康のところに送りたいのだろうが、打診の意味も込めて、まず穴山梅雪を徳川家の重臣である酒井のところへ送ったのだ。打診の内容は、

「徳川家と武田家が、駿河・遠江の両国に兵を進めようではないか」

という申し入れである。配分は、

「遠江は徳川家、駿河は武田家の領有としたい」

ということであった。

当時武田信玄は、

「信長の勢いをこのままにしておくと、日本国は乱れに乱れる」

と考えていた。その意味では、武田信玄も「古い秩序を尊重する」というタイプの武将だ。したがって、天皇を頂点とする将軍・幕府体制を支持していた。あるいは胸の底に、

「おれも天下事業をこの手で行いたい」

という野望があったのかもしれない。いずれにしても信長の京都入りは全国の大名を動揺させ、大きな打撃を与えていた。したがって信玄が考えた、

「信長をこのままにしては置けない」

という不安と警戒心は、古い体制を支持する大名たちの共通心理であった。やがてこの心理が、

「信長征討軍の結成」

に発展し、武田信玄はその総司令官に任命される。

したがって「駿遠二国を武田家と徳川家によって領有する」という案は、その下準備だといってもいいだろう。

信玄は穴山から酒井に自分の考えを通達すると同時に行動を起こした。この年（永禄十一年）十二月には、信玄は自ら由比《ゆい》に兵を進め、薩埵峠《さったとうげ》（静岡市清水区）を守る庵原《いはら》

安房《あわ》守を破った。薩埵峠は今川家の防衛線の要だ。これを突破した。そして勢いを買って駿府（静岡市）に突入した。当主の今川氏真は驚いた。しかしかれは武田軍を迎え撃つこともなく逃げ出した。この時、

「今川夫人は輿《こし》にも乗れなかった」

と伝えられている。それほど慌てふためいたのだ。今川夫妻たちの退避先は掛川城であった。

こうなるといかに慎重な徳川家康も動かざるを得ない。かれも信玄の駿河侵入を契機として、軍を動かした。当面の目標は遠江の制圧である。まず、前々から三人衆によって声を掛けられていた、

「井伊谷の制圧」

に手を付けた。ここを拠点に、遠江内の今川方の勢力を全部追い払うつもりであった。

この時の家康の考えも、前に書いた、

「郡単位ではなく、領国を国単位とする」

というものに変わっていた。したがって井伊谷は遠江の一部であって、家康が狙った領有範囲の全てではない。この時の家康は明らかに、

「遠江国をわが領有とする」

という考えに立っていた。

したがって井伊谷を拠点として、まず攻略すべきは引（曳）馬城（浜松市）である。これを攻め落とした。井伊谷城では、城代を務めていた家老の小野を捕えた。引（曳）馬城は怒涛《どとう》の如く押し寄せた徳川軍によって攻め落とされ、城代に酒井忠次が任命された。

「三河物語」（大久保彦左衛門箸）では、

「わが君（家康）と信玄公との間には、駿遠を分割する密約があった」

と書かれている。とすれば、これは家康が信長と結んだ同盟の時に密約した、

「信長は西へ、家康は東へ進む」

ということと関わりがある。家康が遠江国を支配するのは、明らかに岡崎という浜松より西方の地域から、東方へ進出するということだ。信長との密約も、信玄との密約によって家康は、

「本腰で実行し始めた」

と言っていいだろう。この時いかに本腰であったかということは、家康の制圧時の地域豪族たちとの約束によって示される。家康は告げた。
◎　徳川に従う者に対しては、現在保有している土地を安堵《あんど》（領有の保証）する

◎背《そむ》く者は、領地を全て取り上げ、一族家人は他国へ追放する。もちろん領地は没収して徳川に味方したものに与える

前にも書いたようにまだまだこの時代は、

「一所懸命（土地を大切にする日本人の価値観）」

の思想が沁み渡っていた頃だから、何といっても土地の保有とその保障は、地方豪族にとって欠くことのできない政治的処分であった。この辺は家康もよく心得ていて、そういう約束を表面に出したのである。

当時の家康は、まだまだ大勢力に対して対等に口の利ける立場ではなかったので、信玄はかさにかかった。それは、

「今川氏を徳川殿の手で滅ぼしてもらいたい」

と申し入れてきたことである。今川家の当主氏真は今掛川城にいる。本来なら、

「駿河はわが領有としたい」

というのだから、その領主の今川氏真は信玄の手によって滅ぼすべきだろう。しかし信玄は、

（十余年に亘る人質生活で、おそらく徳川家康も今川氏に大きな恨みを持っているに違いない。その恨みを力として今川を滅ぼさせよう）

と、半ば心理的な要素を加味して、そんな指示を出したのである。

家康はこれに従った。現在の力では、名将信玄に楯突《たてつ》けるような力は全くない。そこで永禄十二（一五六九）年の年初から掛川城の攻略に掛かった。が、掛川城は城兵が強くなかなか落とせなかった。

そこで家康は、〝説き落し（説得）〟工作に出た。この時は、人質時代の因縁をいろいろと語り、氏真の情を刺激して、

「掛川城を出て、奥方の父である北条氏康《ほうじょううじやす》をお頼りになってはいかがか」

と告げた。

氏真もこの当時は中途半端な立場で、必ずしも掛川城主に頼り切ってはいなかった。不安を感じ始めていた。そこで家康の説得に心が動いた。妻の父北条氏康は、武蔵《むさし》国（東京都）品川《しながわ》に居を定めていた。機敏な家康はすでに氏康にも手をまわしていた。こう約束した。

「落ち着き次第、駿河国を氏真様にお返しいたします」

氏康はどこまで家康のいうことを信じたかどうかはわからない。しかしとにかく家康もすでに一国を支配する大名になっているのだから、嘘《うそ》をつけば天下に恥をさらすことになる。承知した。これを聞いた氏真は大変喜んだ。そして調子に乗って、

「徳川殿、かたじけない。では、遠江の国は貴殿に差し上げよう」
と、簡単に遠江国の〝国譲り〟を表明してしまった。しかしいずれにせよこの言葉に
によって、徳川家康は正式に、
「遠江国守」
になったことになる。が、実際はそんな生易しいものではなく、武力行使をしなけれ
ば、なかなか今川側の残党の払拭《ふっしょく》はできなかったのである。
ただ、この経緯を見ていて直虎が悟ったことがある。それは、
「合戦の対象が国主同士になったことによって、実際に武器を使う合戦よりも、次第
に言葉による合戦が多くなってきたこと」
である。これを戦国時代の武将たちは、
「調略《ちょうりゃく》」
と言っている。それまでは刀や槍による武器合戦だったが、この時代から次第に調略
が盛んになり、言葉巧みに交渉をし、同時にガセネタ（偽の情報）を流し合うような傾
向が強くなった。文字通り古代中国の兵法のテキストであった「孫子《そんし》」や「六韜三略《りくとうさんりゃく》」
などに書かれた方法を実際に使い始めたのである。一言でいえば、
「騙《だま》し合い」

である。こうなると、最早「王道政治の追及」などは夢のまた夢になる。すべて「覇道政治」になる。しかし目前の合戦に勝利しなければ、自分の国と多くの家臣とその家族が路頭に迷う。その頂点に立つ武将たちは、

「やりたくなくても目前の危機」

を突破し、自国を安全な立場に置くためには、やむを得なかったのである。これが世にいう、

「戦国の争い」

である。

直虎、家康と対面する

徳川家康は引（曳）馬城を手にすると、井伊谷城に入った。この時当然直虎は挨拶に出た。家康は三人衆から詳しい事情を聞いていたので、直虎の立場がよく分かった。そして、その考え方も熟知していた。

「おお、これはこれは次郎法師様」

と、井伊谷で関係者たちが使っている直虎の呼び名を口にした。直虎は、

「徳川様の御庇護《ごひご》によって、井伊谷が無事太平に過ごせましたこと、改めてお礼を申し上げます。また、わたくしが後見を務めます井伊家の相続人虎松に対しても、格段の御庇護を蒙《こうむ》り誠に有難く存じます」

と丁重に挨拶した。家康はそれを何度も頷きながら受け止めた。そして三人衆に訊いた。

「次郎法師殿から城を奪った家老の小野はどうした?」

「捕えて牢舎にぶち込んでおります」

「そうか」

家康は頷くとすぐこう言った。

「みせしめに処刑せよ」

「かしこまりました」

なにしろ、家康は占領軍司令官なのだから、すべてを託している直虎に発言の権限はない。それは小野道好にしても同じ事だ。頼るべき今川家はすでに当主の氏真が遠く江戸方面に退避している。今川家の運命も次第にその前途が暗くなっている。頼れない。

こうして、小野道好は簡単に徳川家康の手によって処刑されてしまった。直虎は必ず

しも心の底から喜んだわけではない。

（自分の報復を、徳川殿が代わってやってくださった）

とは思えなかった。その辺はやはり仏に仕える身であれば、人間の生命の尊さは知っている。たとえ自分を欺いた者であっても、その最期がこういう簡単な死であっていいはずはない。

（小野殿、迷わずにあの世への道を歩んでほしい）

その夜、直虎は龍潭寺の本尊に向かって手を合わせ、小野道好の冥福を祈った。

家康は拠点を引（曳）馬城に置いていたが、いつまでもそこで安穏な生活を送るわけにはいかなかった。盟友織田信長が、

「急遽、出陣ありたし」

と、出兵を依頼して来たからである。出兵先は近江国の姉川《あねがわ》であった。

前にも書いたように織田信長は足利義昭を京都に入れ、征夷大将軍（第十五代）のポストに就けさせた。しかし、決してそれは信長自身が将軍の威令《いれい》の下にひれ伏すということではなく逆に、

「いまどき将軍などというものはこれほど能無し、役に立たない存在なのだ」

とその無力ぶりを天下に示すことを次々と行った。

「姉川合戦図屏風」の家康本陣（福井県立歴史博物館蔵）

これに対し当の義昭が怒ったのは勿論だが、まだ古いしきたりを重んずる大名たちも激昂した。

特に京都に近い近江小谷《おだに》城の主浅井長政《あざいながまさ》と、越前（福井県）の守護朝倉義景が手を結んで、

「けしからん信長を滅ぼそう」

と盟約した。この盟約は固い。機敏な信長はそのことを知って、まず浅井に謀略による同盟を結ばせた。それは信長が妹のお市《いち》を長政の妻に送り込み、攻守同盟を結んだことである。浅井は一応信長の言に従ったが、

「もし、越前に兵を出すときは事前に必ず私に連絡してほしい」

と告げた。この時は信長も承知したが、

しかし実際には浅井に無断で越前の朝倉攻めを行い始めた。怒った浅井は信長の背後からこれを攻撃するという、いわば朝倉との挟み撃ち作戦を展開し始めた。信長は驚いたが、その主戦場が姉川のほとりになったのである。

姉川の合戦については、直虎が直接関わりを持ったわけではないので、概略にとどめる。要は、信長・家康軍と、浅井・朝倉連合軍との合戦だが、浅井・朝倉連合軍も意外に強く、信長・家康連合軍はしばしば窮地に陥った。

しかし、この時は信長軍よりもむしろ家康軍の家臣たちが善戦して、何度も訪れた危機を克服した。結果的には家康軍の働きによって、まず朝倉軍が敗れ、故郷の越前目指して敗退して行った。そのため、浅井軍も拠点の小谷城に引き上げここに籠った。

信長は反撃の手を緩《ゆる》めず、越前に突入して朝倉氏を滅ぼす。朝倉氏は、〝越前の京都〟と呼ばれた居館都市を一乗谷《いちじょうだに》に展開していたが、信長はこれを完全に焼き払った。

しかしこの時の、居館都市の印象は信長に強烈に植えつけられたらしく、一乗谷の都市は平面的であったが、これを信長は後に近江の安土《あづち》において立体化する。安土城も普通の城ではない。家臣たちが競ってその粋をPRし合った、これもまた家臣団による〝居館文化都市〟であった。一乗谷の朝倉氏が平面的に展開したのに対し、信長は立体的に天に向かってこの都市を作り上げたと言っていいだろう。

勿論信長の居城が、山頂に造られた。普通の城は、天守を天守と書くが、信長の場合は天主である。これは信長が、

「天に一番近いところに自分の居場所を定めた」

ということなのか、すでに思い上がっていて、

「天主すなわちデウス（この世の神）はわしである」

という宣言なのかどうかわからない。かれはこの城が自慢だったが、しかしなにしろ山頂にあるので、麓《ふもと》に寺を造った。そして、

「わしの所へ礼を尽くしたいと思う者は、山の頂まで来る必要はない。麓の寺にお賽銭《さいせん》をあげて代わりにせよ」

と命じたという。日本にバースデイ（誕生日）の制度を導入したのも信長だ。安土の町自体が、相当ヨーロッパ色を帯びたキリシタン都市であった。現在その復元はなかなか難しいが、信長は当時でいえばナウいハイカラ大名の先端

安土城跡空撮（滋賀県近江八幡市）

を切っていたのである。

しかし、この時の徳川家康は非常に苦労をしたが、井伊谷の直虎に詳しく報告することはなかった。家康も直虎の企てている、

「井伊谷を理想郷にする」

という考え方は一つの戦国の夢として認めていたので、その直虎を俗世間的なことで悩ませることを憚《はばか》ったのである。この年元亀元年の八月二十八日に、家康の嫡子竹千代は元服した。十二歳である。加冠は信長、そして信長は、

「わしの名の一字を与えよう」

といったので、元服した竹千代は「徳川信康」と名乗ることにした。十二歳である。家康はさらにこの年の暮れに、岡崎城から去って、引（曳）馬城に移った。いわば、

「徳川家の東進」

だ。十二月十八日の事で、家康は二十九歳であった。家康にとっては小康状態のちょっと一息つける時期であった。が、この小康状態はすぐ破られた。というのは、元亀二（一五七一）年の春になると、武田信玄が突然大井川《おおいがわ》を越えて遠江へ進入してきたからである。たしか信玄は、

「遠江は徳川殿が治め、わしは駿河を治める」

と約束したはずだったが、これは信玄の身に大きな変化があったからだ。それは、姉川の合戦で信長が勝利し、朝倉・浅井両氏も滅ぼされてしまったので、いわゆる、

「旧権威を守ろうとする大名たち」

が大きな脅威を感じた。そこで、西の毛利《もうり》氏をはじめ大坂《おおさか》の石山《いしやま》に拠点を持つ一向宗の本山までが参加して、言ってみれば、

「織田信長包囲軍」

を編成した。そしてその総司令官に武田信玄が祭り上げられたのである。信玄はこれを受けた。はじめてかれが国を挙げて西上をしたのは、旧権威を片っ端からぶち壊している信長を討伐する、という大義名分が立ったからである。信玄はこの軍旅に一つの方針を立てた。それは、

「自分の進軍を妨げることなく協力する場合には、黙ってその城の前を通り過ぎる。しかし、自分の進軍を少しでも妨げようとして刃向かう者は、容赦なく潰《つぶ》す」

ということである。遠江国内には、すでに高天神《たかてんじん》城（小笠原氏助《うじすけ》が城代）が、徳川方の城として東の先端を守っていた。小笠原は使命感が強く、よく守り通した。さすがの信玄も攻めあぐんだ。

そこで信玄は腹心の内藤昌景《ないとうまさかげ》を抑えに置いて、信州（長野県）高遠《たかとう》に一旦引きあげた。

しかし四月になって、今度は信玄は子の勝頼を連れて東三河に入った。そして足助《あすけ》城（愛知県豊田市足助町）の城主鈴木重直《すずきしげなお》を攻めてこれを下した。さらに野田《のだ》城（愛知県新城市）の菅沼定盈《すがぬまさだみつ》を攻め立てた。

これを落すと勢いを買って二連木《にれんぎ》（愛知県豊橋市）も落した。さらに吉田城（愛知県豊橋市）を攻略すべく軍で囲んだ。しかし急を知った家康が引（曳）馬城を出て、吉田城の応援に入り固い守備陣をつくった。ただ、城から出ようとはしなかった。信玄はやむを得ず、五月上旬になって本拠である甲州《こうしゅう》へ引き上げて行った。

この一連の合戦は、家康が信玄と交を断ち越後の上杉謙信と結んでいたので、

「家康に一撃を与えておこう」

という、いわばボクシングにおけるジャブ的攻撃を加えたのである。信玄は〝情報通〟としても知られる。各国から甲州へ入って来る商人と積極的に接し、

「各国の状況」

を聞いた後に、今度は自分の家臣を商人に仕立て、夫々の国に派遣して先に得ていた情報が本当かどうかを確かめた。今でいう、

「情報のクロスチェック」

である。この時派遣する家臣は、本物の商人になることを求め、実際にその道の修行

をさせてから派遣したという。

したがって、甲府に拠点を置いても信玄は居ながらにして、ある程度諸国の状況は把握していた。そこで信玄が、

「信長討滅の総司令官」

として、二万五千の大軍を率いて京都への道を辿った時も、極力東海道を進むようにしている。これは、甲州から京都への道としては、本来なら信州を通り抜け中山道《なかせんどう》を抜けるのが近道なのだろうが、信玄は必ずしもそうはしなかった。

「軍旅を妨げる大名たちを降伏させて、二度と反乱の憂いが残らないように仕向ける」

というのが一つの方針であった。そしてもう一つは、やはり天下の五街道の内、東海道が今でいえば、

「インフラ（都市整備）が比較的整っている」

という点もあったのだと思う。インフラが整っていれば、進軍が楽だし、また軍旅の途中で必要な食料や武器の調達などが容易にできる。

信玄が甲州を拠点に民のための政治を展開した時も、特に、

「物流の道」

に意を用いていたことは確かである。交通アクセスの確保は信玄にとって、

「どこで合戦を行うか」

ということの欠くべからざる要件だった。

まじかで行われた三方ヶ原合戦

前回の軍旅では高天神城に手を焼いたので、今度はこれを避けていきなり遠江へ侵入してきた。遠江で徳川方に属している城は二俣《ふたまた》城(静岡県天竜市)だ。元亀三(一五七二)年九月二十九日に山県昌景を先鋒として甲府を出発させた信玄は、十月三日に前年同盟を結んだ北条氏政の援軍を加えて、四万五千人に膨《ふく》れ上がった大軍を率いて甲府《こうふ》を出発した。二俣城を攻略のために二俣街道を進んだ。二俣城は十二月十九日に落城させた。

そして十二月二十二日には、三方ヶ原《みかたがはら》の台地にいたり、祝田《ほうた》まで来て全軍を休憩させた。

この時の信玄は前に書いたように、

「たとえ徳川家康でも、わしの進路を妨げなければ、そのまま引(曳)馬城を黙殺して通り過ぎる」

二俣城跡（静岡県浜松市）

と考えていた。邪魔する城は落とすが、そうでない城はそのまま温存する、という方針は今度も変わらなかった。

家康は、二俣城を落された後は自軍の兵力をすべて引(曳)馬城に集結させていた。そして、織田信長に、

「信玄軍が通過します。援軍をお願いしたい」

と頼み、佐久間信盛《さくまのぶもり》らを将とする約三千人の援軍を引（曳）馬城に加えていた。この時信長は佐久間に、

「信玄は合戦上手だ。場合によっては、家康殿を挑発するかもしれない。しかし決してそれに乗ることなく、あくまで引(曳)馬城内にあって城を守ることに専念せよ」

と命令していた。

ところが、この時の家康は普段の慎重さとは裏腹に、

「出陣する。武田軍と一戦交える」

といってきかない。直臣だけではなく、信長からの応援軍の指揮官佐久間盛信も、

「信長公のご指示でございますれば、どうかお聞き届けを」

と強諫《きょうかん》するが、家康は首を横に振り続ける。家康の論理は、

「信玄はわが家の庭を土足で歩き回っているのだ。母屋の主人としてこれを見過ごすわけにはいかない」

というものだ。そして、

「おれに続け」

と叫んで、信玄の待ち構える三方ヶ原に突出して行った。後の結果から推理するほかないが、この時の家康の心理には、やはり彼なりの理屈があったに違いない。それは、

◎ 信長から三千人もの応援軍が来ているので、徳川軍独自の面子を立てる必要がある

◎ それに信長の指示に従ったのでは、まるで徳川家康がすでに信長の家来になったような印象を世間に与える

◎ 相手の信玄は四万五千の大軍だ。もろにぶつかって勝てるはずがない。しかしここ

でためらうことは、徳川家康の名を後世に臆病者として残すことになる
◎　したがってこの合戦はたとえ負けても、自分から買って出て、天下に〝東海に徳川家康あり〟ということを殊更《ことさら》に告げる必要があるというものではなかっただろうか。つまり若き家康の見栄であり突っ張りだ。しかしこういう、
「敗けるとわかっていても、意地を張る」

という作戦は、後世にまで家康の有名を残す。

この合戦についても深くは触れないが、家康は大敗を喫する。散々に武田軍に負ける。名将信玄が三方ヶ原で展開した、鶴翼《かくよく》の陣《じん》の中に抱き込まれる形で突入した家康軍は、コテンパンに敗けてしまう。だから頑張る家康を馬の背に乗せて、その尻を忠臣が槍の柄でひっぱたいて、家康を引（曳）馬城に逃がしたエピソードまである。

そして戦後家康はこの時の自分の姿を肖像画に描かせた。有名な、顎《あご》を抱えて落胆の底に落ち込んだ自身の姿を描かせたものだ。かれはこれを恥とは思っていない。折に触れ家臣に、

「この敗戦の屈辱を忘れるな」

と、大将自らが敗けた惨めな姿を後世に残したのである。こういうことから推測する

徳川家康肖像（徳川美術館蔵）

と家康の〝敗けてもともと〟という考えは、かなり緻密に計算されたものといえる。事実、この敗戦によって家康は、

「東海一の弓取り」

という勇名を馳せることになる。こんな例は日本の合戦史にない。しかし武田信玄が当時日本きっての名将であり、同時にその率いる軍勢も四万五千という大軍であったが故に、誰が考えても、

「あの戦で勝てるはずがない」

というのが常識だった。その常識を無視して、敢然とその四分の一か五分の一でしかない少数の軍をもって、体当たりして行った家康の勇気を多くの武将たちが賞賛したのである。家康の計算は当たった。敗戦という大きな投資をしたが、その投資以上に名声を馳せるという大きな利益を得たのである。

ここで問題になるのが、この三方ヶ原の合戦の時にそれでは、

「直虎の率いる井伊軍が参加したかどうか」

ということである。筆者は参加していなかったと思う。というのは、当時井伊家では武田家とも必ずしも国交を断絶して敵対関係にあったわけではない。直虎の考えとしては、

「周りには大大名がいて、しきりに井伊谷を狙っているができればいずれの大大名とも和親の状況を保っていきたい」

という、〝平和主義〟があったからである。それに大大名にはいわゆる「大大名の論理」というのがあって、大大名間で政略的に条約を結び、和を保ってできれば武力を行使せずに、

「談合によって各地域の所有を認め合う」

という勝手な論理を実行していたからだ。

この頃、小田原の北条氏・駿河の今川氏・それに甲斐の武田氏はいわゆる〝三国同盟〟を結んで、表面はそれぞれが手を取り肩を組み合っている格好を見せていた。井伊は、地方の小豪族だからそういう大大名たちの勝手な相談によって振り回される。それを振り回されないように直虎は、井伊谷の自治を守りつつ、

「それでは、一番頼りになる大樹（大大名）は誰か」

という模索を始終続けなければならなかったのである。

それと、井伊谷三人衆の報告によれば徳川家康は必ずしも井伊谷を特別な地域として考えていない、ということが次第に分かって来た。家康も井伊谷の豪族を相手にして自分の去就を決めるわけはいかない。やはりこの頃は、国単位で物事が運んでいるから、

「井伊谷は、一体どの大名の領有なのか」

と考える。いうまでもなく井伊谷は今川領として世間に知られていた。したがって直虎の手を振り足を伸ばす必死の努力も、

「今川領内における一豪族の奮闘」

にしか過ぎない。徳川家康の認識もそうだった。だから武田信玄と約束をして、

「共に携えて今川領を攻めよう」

ということになった時、今川領の駿河領と遠江領を信玄は二分して提起した。

「駿河領は武田家が申し受ける。遠江領は徳川殿が支配されよ」

ということになった。したがって家康の遠江領進入は、この約束に基づいている。だから家康にすれば、

「今川領であった遠江の国を申し受ける」

ということであって、家康は今まで領有して来た三河国（愛知県東部）と新しく遠江国（静岡県西部）とを領有することが、第一の目標だった。その中で三人衆たちの切なる願いによって、

「井伊谷の特別な自治」

を、そのまま保全することを承諾したのである。家康が特別に直虎の治政に感嘆して、

浜松城（浜松市）

「自分も領国を治めるのには、井伊直虎の真似をしよう」

とは思っていなかった。これは奇しくもかつて織田信長と約束した、

「信長は西へ、家康は東へ向かう」

ということの手始めになった。井伊谷を含む浜松地域を制圧すると、家康は拠点を新しく設けた。浜松城である。引（曳）馬城には井伊谷を通過して攻め込んだのだが、後から考えれば家康は前に書いたように必ずしも、

「井伊谷の治政に特別な関心を持った」

ということではない。あくまでも、遠江国一国を制圧するための、井伊谷は通過路だったのである。

家康が新しい拠点にしたのは、遠江の見《み》

付《つけ》である。すぐ築城工事に移った。この頃家康と信玄との仲がギクシャクしはじめていた。そのため見付に城を築いたのでは、天竜川を背にしなければならない。そこで家康は、

「引（曳）馬城を拡張しよう。ここは危ない」

と宣言し、引（曳）馬城の拡張工事に本腰を入れた。浜松城と名づけた。元亀元（一五七〇）年に、入城したという。そうして間もなく信玄との関係が完全にこじれ、元亀三年十二月二十二日に、前に書いた〝三方ヶ原の戦い〟が行われたわけである。しかしこの頃は、武田軍の別働隊が伊平から井伊谷を経て、浜松城攻撃に移ろうとしていた。せっかく家康によって、井伊谷が保って来た地域の自治も、武田軍の侵入によってめちゃめちゃに蹂躙《じゅうりん》されてしまった。

武田侵攻軍の指揮を執ったのは、山県昌景と秋山虎繁《あきやまとらしげ》である。本来は信玄は家康と、

「わし（信玄）は駿河国を、貴殿（家康）は遠江国を」

という所有関係になっていたから、家康の領有国である遠江国をめちゃめちゃに荒すのは本当は約定に背いている。しかしこの頃は、

「とにかく武田・徳川連盟軍によって、駿河国と遠江国を攻略する」

ということになっていたから、焦っていた。信玄が焦る理由はもう一つある。それはこの時の信玄は別に駿河国に留まるつもりはなく、

「織田信長を討伐する」

という高い目的を持っていたからである。それに、理由はどうあれ、三方ヶ原の合戦は、黙って通り過ぎようとした信玄軍に、家康が襲い掛かったことからはじまっている。信玄にすれば、

「互いに領有関係を分かち合っているので、家康も馬鹿な奴だ」

と思ったに違いない。結果は、家康は大敗してしまった。

しかし三方ヶ原の合戦の大敗は、家康と信玄を徹底的に国交断絶の措置を取らせてしまった。山県昌景の軍勢は信濃国から長篠《ながしの》城に入って、井伊谷に攻め込んだ。井伊谷三人衆の一人である鈴木重時の子重好は、柿本《かきもと》城で武田軍を迎え撃ったが敗走した。さらに井平《いだいら》城の守将井伊直成も敗北して討ち死にしてしまった。やむを得ず、井伊谷城にいた三人衆は浜松城へ退いた。山県昌景はここにとどまることなく直ちに信玄の本隊と合流し三方ヶ原の戦いに参戦する。三方ヶ原の勝利後、武田軍は一斉に野田城を攻撃した。

ところが、この野田城攻撃の直後の元亀四（一五七三）年に、武田信玄は突然持病のために軍陣で倒れた。信玄はさすがに自分の健康状態を知り、

「一旦甲府《こうふ》に戻ろう。療養して健康が回復したらもう一度信長を攻める」

といって三河国から北上し信州に入った。そして、駒場《こまば》というところで死ぬ。

だからこの時は、井伊谷城の攻防戦は、先に徳川軍、そして次いで武田軍という強大

な軍勢に振り回されて、おそらく井伊家の人々は生きた空がなかったに違いない。

（大国の軍勢はさすがに違う）

と、恐怖に慄《おのの》きながら、その猛烈な荒らしぶりをあれよあれよと見ていたに違いない。

当然直虎もその感を深くした。ただ彼女はすでに仏門に入っていたから、ひたすらに仏に祈ることによって、この危難の嵐が一刻も早く吹き過ぎてくれることを祈った。祈りながら、

「大国（大大名）の、エゴイズムに満ちた勝手な論理」を知った。同時に、

「その論理に振り回される小国の惨めさ」

も認識したに違いない。しかしこういう嵐にはどう抵抗しようもない。文字通りひたすらに吹き過ぎることを祈る以外なかったのである。

徳川・武田両軍が通り抜けた後、直虎は井伊谷の復興の指揮を執った。

「過ぎた嵐のことは忘れて、もう一度井伊谷を元の姿に戻しましょう」

と、自ら陣頭に立って復興の指揮を執った。直虎が一番心配したのが、井伊家発祥の象徴である「聖井」が無事かどうかである。幸い、徳川軍も武田軍もこの聖井には手を付けなかった。聖域は昔のままで保全されていた。直虎はほっとした。そして、

「井伊谷には、この井戸があります。この井戸がある限り、井伊谷は平和に暮らせます。

妙雲寺（浜松市）

この井戸を守りながら、昔どおりの暮しを続けましょう」

と人々に語った。人々はその言葉によって勇気づけられた。その言葉は直虎が、住民を励ますためのものだけではなく、はっきりいえば、

「自分で自分を励ます言葉」

でもあった。広い地域ではない。たとえ戦禍に荒らされたとはいえ、復興はそれほど時間がかからなかった。井伊谷は再び平和を取り戻した。この経験によって、住む人々は直虎が主唱する、

「聖域である井戸を守り抜こう」

という気概がいよいよ高まったのである。

井伊谷探訪　妙雲寺

龍潭寺の北西約七〇〇メートル、渭伊神社参道の入口付近にひっそりと佇む臨済宗妙心寺派の小寺院。「臨済宗妙心寺派浩徳山妙雲寺」の木札の下がった小ぶりで簡素な山門を入ると、正面に本堂。これもまた飾り気がない。無住の寺だが庭は手入れが行き届いている。近年まで、さほど注目を集める存在ではなかったためか、静かで清浄な空気が境内を支配している。

直虎が「隠居」後、ここに庵を結び、晩年を過ごしたところとされ、龍潭寺とともに、その菩提寺となっている。井伊家二十二代直盛が桶狭間の戦いで戦死してからの物語は本文に詳しいが、直虎を終始支えた龍潭寺二代目住職南渓瑞聞が開いた寺で、当初は自耕院とされたが、直虎の死後、直虎の法名「妙雲院殿月船祐圓大姉」から妙雲寺となった。

無住の寺のため本堂内は非公開だったが、現在は土、日、祝日には公開され、本堂に安置された直虎と南渓の位牌に接することができる。直虎の位牌は平成二十七年（二〇一五）、南渓和尚の位牌は翌年にこの寺で偶然見つかったものだ。また、同年五月には椅子に座った姿を描いた南渓の肖像画も発見され、これも公開されている。

【道しるべ】▼浜松市北区神宮寺町二十八―三　▼遠鉄バス「井伊谷」下車徒歩約十五分／同「神宮寺」下車徒歩約十分／同「北神」下車徒歩約五分

スポット　井伊の赤備え

本文に詳しいが、もともとは武田騎馬軍団の猛将「甲山の猛虎」として勇名を馳せた飯富虎昌が、その部隊の武具の全て、つまり具足、馬具、旗差物などを辰砂（硫化水銀）の朱塗りで統一したことを指す。これが「赤備え」と呼ばれ、戦場でよく目立ち、また威嚇効果もあることから精強部隊の代名詞となっていった。

この部隊は弟の山県昌景に引き継がれるが、天正三年（一五七五）長篠の戦いで武田氏が滅亡、山県も討ち死にすると、まもなく徳川軍に組み入れられ、井伊直政傘下の部隊となる。「武田の赤備え」が「井伊の赤備え」に転じたわけだ。小牧・長久手の戦いでは、この部隊が縦横無尽に活躍し、直政は先陣を切って戦うその勇猛さで「井伊の赤鬼」と呼ばれ、一躍その名を高めた。

赤備えには「真田の赤備え」もあり、これもまた有名で、真田氏は武田氏の配下であった時期があり、これに由来するものであるらしい。大坂冬の陣では、この二つの赤備えが真田丸の攻防で激しく戦うことになる。

「井伊の赤備え」はその後の彦根藩にも受け継がれ、江戸期を通じて「赤備え」とされ、幕末の第二次長州征伐、鳥羽・伏見の戦いに臨んでも、彦根藩兵は赤備えであったという。さすがにこの時期に至っては赤の威嚇効果はなく、かえって銃撃の良い目標となったようだ。

史跡探訪　**浜松城**

台地状になった三方ヶ原の東南端に位置する城で、永正年間（一五〇四―二一）、今川氏が築いたとされ、引馬城（曳馬城）と呼ばれていた。永禄十一年（一五六八）徳川家康は遠江を攻略して今川氏をこの城から追いやり、以後、武田信玄への対抗のための大改修を施したこの城は、家康諸戦の拠点となった。元亀元年（一五七〇）改修が終わると家康は岡崎からこの城に移り、城および城下を浜松と改める。同二年の三方ヶ原の戦いには、二俣城等を落として南下する武田軍を追撃しようと、この城から出撃するが、これは武田のおびき出し作戦で、家康は惨敗を喫する。家康自身、命からがらこの城に戻ることになった。

その後も、天正十四年（一五八六）に駿府城に移るまで家康はこの城にあり、その間長篠の戦い、小牧・長久手の戦いと、主要な戦いにはこの城から出陣して天下人としての地歩を固めていく。浜松城が「出世城」と呼ばれるのは、このことと、家康関東入部後、徳川譜代の有力大名たちが次々と入り、幕閣を務める実力者を輩出したことから来る。同十八年、堀尾吉晴の入封後には近世城郭に改修された。

城の遺構は野面積みの天守曲輪などのほかにはほとんど現存しない。現在見られる天守は昭和三十三年（一九五八）に建てられた模擬天守である。

【道しるべ】▼静岡県浜松市中区元城町一〇〇―二　▼JR浜松駅徒歩約二十分

八、聖域の守護者・直虎から直政へ

井伊万千代誕生

徳川家康が武田信玄に敗れた〝三方ヶ原の合戦〟が行われたのは、元亀三（一五七二）年十二月のことである。そして、武田信玄が死んだのはその翌年の天正元（一五七三）年四月のことであった。徳川家康は天正二（一五七四）年一月に、正五位上に上った。そして、翌三（一五七五）年五月には、織田信長との連合で長篠《ながしの》（実際は設楽《したら》ヶ《が》原《はら》）の合戦で、武田勝頼軍を散々に討ち破った。この時信長軍が使用した鉄砲の三段撃ちが有名だ。最近では、

「史実ではないのではないか」

という新しい研究発表も行われている。いずれにしても武田軍は敗走した。

そしてこれから七年後の天正十（一五八二）年三月に、勝頼は織田・徳川連合軍に攻め立てられ、ついに敗死する。これによって武田家も亡びてしまう。同時に、それから

三か月後の六月に、織田信長も京都本能寺で明智光秀に殺されてしまう。

危難を避けるために三河の奥、鳳来寺に避難していた虎松は、天正二（一五七四）年に、亡父直親の法用が行われるので、これへの出席を求められていた。遠江地方も徳川・武田両軍の嵐が吹き過ぎたあと、復興され、小康《しょうこう》を得ていた。だから、

「今なら、父上の法要に赴かれても身に危難が及ぶことはないでしょう」

という周囲の声に誘われて、虎松は井伊谷に戻って来た。

この時、虎松の母は松下清景《まつしたきよかげ》という武士と再婚していたので、虎松は清景の養子的扱いを受けていた。龍潭寺に招かれた虎松は、南渓和尚・直虎・虎松の母などに囲まれて、今後の身の振り方について相談した。南渓和尚は、

「母上との関係もあり、虎松は一旦松下殿の養子にしていただいたうえ、徳川家に出仕させたらどうだろうか」

と提言した。今の状況は、大大名（大国）主義になっていて、そのレベルでいろいろな政略が行われる。小豪族の論理が通用するような世の中ではない。したがって小豪族は、

「大国に属して生き延びる以外ない」

という切実な道を辿らされていた。井伊家もそれに従おうということだ。南渓和尚の

案は全員が承諾した。そこで具体的な方法としては、

「今浜松城主になった徳川家康殿は、鷹狩が非常にお好きだそうだ。情報を得て、家康殿が鷹狩に出た時に虎松を引き合わせようではないか」

ということになった。情報を得ているうちに、

「天正三（一五七五）年の春に、徳川殿は浜松城外で鷹狩をなさる」

という報が入った。これを利用しようということになって、いろいろ準備をした。

直虎は、虎松の母と一緒になって、虎松のための小袖《こそで》を縫った。虎松と家康の出会いについては、「徳川実記」に、次のように記されている。

「三年（天正）二月頃、御鷹がりの道にて、姿貌いやしからず、只者ならざる面ざしの小童を御覧ぜらる。これは遠州井伊谷の城主肥後守直親とて今川が旗本なりしが、氏真、奸臣の讒《ざん》を信じ、直親非命に死しければ、この児三州に漂泊し、松下源太郎《げんたろう》といふものゝ子となりてあるよし聞召、直にめしてあつくはごく（育）ませられける。御次第に寵任ありしが、井伊兵部少輔直政とて、国初佐命の功臣第一とよばれしはこの人なりき」

この日虎松はすでに十五歳である。幼児ではない。したがって、こういう出会いの光景があったのかどうか多少は疑問を持つ。むしろ、堂々と浜松城へ伺って、正式に家康

に、

「井伊家の相続人でございます」

と直虎が紹介したという方が自然のような気がする。いずれにせよ、十五歳になってはじめて虎松は家康に対面した。

なお直親の未亡人が再婚したという松下源太郎というのは、豊臣秀吉が木下藤吉郎《きのしたとうきちろう》時代に仕えた今川家の武将松下加兵衛《まつしたかへえ》の一族だという。だからあるいは実際に鷹狩りに出た家康を、松下が、

「どうぞ、粗末ではございますがわが家をご休憩の場にお使いください」

というような言い方で、家康を誘って自家で、虎松を引き合わせたのかも知れない。

いずれにせよ、虎松の素性については、
◎　父の直親が家老小野の讒言によって、「徳川家と通じている」と告げられ、今川家の手で誅殺されたこと
◎　遺児である虎松は、命の危険を感じ今まで三河奥の鳳来寺で生きていたこと
◎　直虎の母祐椿尼《ゆうちんに》の夫は井伊直盛であり、桶狭間合戦で今川義元の馬前に立って勇敢に討ち死にしたこと
などを語った。この時の家康は真摯に話を聞いた。かれはこういう話が好きだ。それ

に今は武田信玄も死に、徳川家が遠江国に君臨する上で小康を得ていた状態だったので、虎松に関する話を真面目に聞いたのである。特に、

「虎松の父直親は、徳川家と通じているという讒言を真に受けた今川氏真によって殺された」

という一項目は、家康の耳に深く刻み込まれた。

（そうか、この子はそういう家柄の子だったのか）

と、自分の人質時代を思い出してひとしお哀れを催したのであろう。話を聞き終わった家康はこう言った。

「よくわかった。虎松、幼い頃から苦労をしたなあ。わしと同じだ。そうか、おまえが成人の暁には井伊家を継ぐのだな。では、松下という姓を改め今後は井伊と名乗れ。そして虎松も改め、万千代《まんちよ》とせよ」

この言葉に、直虎たち虎松を囲む一族は涙を流さんばかりに喜んだ。

徳川家康も今は三河国松平郷の一豪族ではない。すでに三河国・遠江国二国の大守だ。それがこういうお墨付きをくれたのだから、虎松改め万千代も、天下に東海一の弓取りの名を高めた家康の保証書を貰ったことになる。

「これで、ひとまず肩の荷が下りました」

井伊谷に戻った直虎たちは、その夜祝杯をあげながらそう語り合った。

井伊虎松改め井伊万千代は、翌天正四（一五七六）年には、はじめて徳川家康のための合戦に参加している。初陣《ういじん》である。武田勝頼の軍勢と家康が遠江の芝原で戦った時のことだ。

以後、万千代は、徳川四天王になる本多忠勝《ほんだただかつ》や榊原康政《さかきばらやすまさ》といった、徳川軍の「旗本先手役」に入り、常に徳川軍の先鋒のしかもその先頭に立った。

徳川四天王といえば、「井伊・本多・酒井・榊原」の四人だ。井伊はその先頭に立つ。

しかしかれは徳川家の譜代の武士ではない。いわば途中参加の武士である。しかも一族はどちらかといえば、今川家に随身していたことが多かった。だから世間ではおそらく、

「井伊家は今川家に従属している」

と見られていたに違いない。だからこそ、家老小野の讒言によって、今川家が義元・氏真の二代に亘って、井伊家の相続人を誅殺してしまったのだ。井伊家の方では必ずしも今川家に心からの忠誠心を尽くしたわけではなかったが、しかししばしば書いて来た、

「大大名の論理と、小さな豪族の論理」

には大きな差があるので、世間の常識からすれば、

「井伊家のだれだれが今川家を裏切った」

という見方をさせるのである。身近なところで家老の小野そのものが、

「今川家への忠誠心」

を持つからこそ、そんな讒言をしたのに違いない。

さて、徳川家康へのお目見得を見事に果たした万千代は、その後徳川軍の中でもメキメキと頭角を現して行く。その一つが、

「井伊の赤備《あかぞな》え」

である。もともとは武田家の武将が武具や旗や一切の装束を赤一色で染めていたものを武田家が滅びた時に、徳川家康が特に井伊万千代に与えたものだ。武田家が滅びたのは天正十(一五八二)年春のことである。この時に伝えられている巷説《こうせつ》がある。それは、首実検に備えられた敵将勝頼を見ると、織田信長はその首を足で蹴《け》って、

「馬鹿者、父と違って能力もないおまえがこういう大それたことをするから、こういう目に遭うのだ。思い知ったか」

と告げた。武田家の遺臣たちは、ずらりと並んでこの光景を見ていた。それぞれが唇を噛み、

(おのれ、信長め!)

井伊の赤備え（彦根城博物館蔵）
「関ヶ原合戦図」に描かれた井伊直政隊

と恨みの眼差しを向けたという。

これに反して徳川家康は、信長が蹴落とした勝頼の首を、丁寧に泥を払って桶《おけ》の上に乗せ手を合わせて拝んだ。そして、

「合戦は時の運、おぬしは不運だったにすぎない。どうか成仏してほしい」

と祈った。この差に武田家の遺臣たちは顔を見合わせて、家康の情の深さに感動したという。

武田家を滅ぼしたあと、家康は信長から武田家の領地であった甲斐・信濃の大部分をもらった。武田の遺臣たちは亡君勝頼の扱《あつかい》に恩を感じて、

「天正壬午甲信諸士起請文」というのを家康に提出し、

「今後は家臣としてお扱いください。お仕えします」と申し出たという。その数はおよそ八百人。その一割強にあたる七十四人を家康は直政に与えた。この時、以後井伊家のシンボルとなる〝赤備え〟の構えを、直政はそのまま継承することにした。武田の赤備えはこの時亡びたが、〝井伊の赤備え〟と変わって、長くその武名を残すことになった。

この年の十一月に、直政は、遅い元服をして、万千代を「直政」と改める。そして、三河生え抜きの譜代でもないのに、徳川軍の先頭を切ってかれの武名はいよいよ高まって行く。

天正十二（一五八四）年の小牧《こまき》・長久手《ながくて》の戦いでも武功を挙げ、直政は修理大夫《しゅりのだいぶ》に任ぜられた。先輩・年長でもあった本多忠勝がまだ「中務大輔《なかつかだゆう》」に任ぜられるのは、これより四年後だ。

したがって直政の昇進ぶりは徳川生え抜きの武士たちの目を奪った。中にはやっかむ者もいた。

天正十八（一五九〇）年の豊臣秀吉の小田原攻略後の論功行賞で、家康は小田原北条氏の旧領をすべて与えられた。関東地方が主たる領地になった。

家康ははじめて自分に長年忠節を尽くしてきた武士たちを大名に取り上げた。四天王の本多忠勝や榊原康政は共に十万石の領地が与えられた。その中で直政は上野（群馬県）箕輪《みのわ》城で、十二万石を得ている。この石高は、当時の徳川家臣団の中では最高の禄《ろく》だった。そのために、やっかむ連中は直政に対し、

「あいつはわが君（家康）の寵童だ」

などと言い出す者もいた。そして、この説は今日でも廻りくねりながら伝えられている。井伊直政が、今でいう〝イケメン〟だったからだろう。

さて、冒頭に書いたように直虎は愛する万千代の元服姿を見ることが出来なかった。万千代が元服したのはこの年（天正十年）の十一月だが、直虎はその三か月前の八月

二十六日に死んでしまったからである。死の場所は龍潭寺の境内であった。

しかし彼女は彼女なりに満足していた。小豪族であった井伊氏が、井伊谷の聖井を守り抜きながら、その守護役として志を全うし抜いたからである。直虎は特に女性の身でこの聖域を守り続けたことを仏に感謝していた。

「微力な私が、まがりなりにも聖域を守り抜けたことを仏様の御心として、お礼を申し上げます」

死ぬ時にそう心の中で呟いた。

以後の井伊直政の活躍ぶりは関ヶ原の合戦において頂点に達する。

この時、徳川家康が石田三成《いしだみつなり》の西軍に対して身近に置いた武将は、井伊直政・本多忠勝、それに一族の松平忠吉《ただよし》の三人である。あれだけの大合戦に、なぜ家康がこれほどの少ない人数を自分の配下として身の回りに置いたのか。この三人の他のいわゆる、

「三河家臣団」

のほとんどが、家康の三男秀忠《ひでただ》が率いる別働隊として、中山道を西上していた。家康に従ったのは、ほとんどが豊臣秀吉に登用された大名ばかりだ。家康は疑い深い人間だったから、

「これによって、豊臣家臣団のわしへの忠誠心を試す」

という考え方が勿論無かったとは言えない。しかしそれ以上に家康は身の危険を感じていた。それは、

「もしも大坂城から豊臣秀頼《ひでより》公が出陣して石田の味方をしたら、わしは敗れる。それだけでなく殺される」

と覚悟していた。この合戦ではそれがなかったとは言えない。そうした時に家康は、

（わし一代で徳川家を潰すわけにはいかぬ。秀忠に跡を継がせる。それには、秀忠を守る徳川家臣団の温存が必要なのだ）

と考えていた。だからこの時の家康は、楽勝ではない。むしろ生命の危険を感じながらも、あえて自分がこの火中の焼き栗を拾う危険を冒したのである。

この経緯については、直虎とはあまり関係がないので省略するが、その後の井伊家は譜代大名の筆頭として江戸城溜間詰《たまりのまづめ》において、諸大名に君臨する。直政の後を名君直孝をはじめとして、明治維新まで何人もの「大老《たいろう》」を輩出する。その名門井伊家の礎を築いたのが直政だ。

井伊谷の一豪族から這《は》い上がって、徳川家第一の寵臣となり、さらに幕府の最高ポストを占め続けた基をつくった直政の累進ぶりを、羨《うらや》んだ層が、

「直政寵童説」

を唱えたのだ。その当否については筆者はあまり関心がないので略させていただく。

いずれにしてもその直政も、直虎あっての累進であって、尼の身でありながら女城主としての立場を守らざる得なかった直虎の直政に対する愛情は、やはり、

「本当なら、直政は私が生んだ子であったはず」

という思いが、不運の死に倒れた許婚直親への慕情と共に、彼女の生きる支えになっていた。同時に、井伊谷に伝わる、

「聖井を核とする聖域の守護者」

という責務感が、さらに直虎の志を堅く固めさせていたに違いない。彼女の享年は不明である。つまり、出生の時が明らかでないからだ。しかしそんな世俗的なことは超えて、今も泉下で、井伊直虎は女城主として静かに井伊谷の聖井を守り続けている。

井伊直政（東京大学史料編纂所）

スポット　井伊直政のその後と彦根藩

関ヶ原の戦い後の慶長六年（一六〇一）二月、直政は十八万石を受領して高崎から石田三成旧領の近江佐和山に移るが、翌年この戦いで島津義弘軍から受けた銃撃の傷がもとで急死、四十二年の生涯を閉じる。

家督は長子直勝（直継）が継ぎ、同八年から、直政も構想していた彦根城の築城を家康の天下普請で開始、同十一年ここに移った。直勝は元来病弱な体質だったためか大坂の陣には参陣できず、その異母弟の直孝がこれにあたった。元和元年（一六一五）病弱の直勝に代わって直孝が藩主の座に就く（このため直勝は彦根藩二代に数えないことが多い）。この後直孝は幕閣として頭角を現し、彦根藩は三〇万石を超える譜代有数の藩として存在感を示して行く。その後も井伊家は藩主として、幕末に至るまで彦根の地を離れることはなかった

直政以降十六代に及ぶ彦根藩主の多くは幕政の中枢を占め、そのうち五人が大老を務めている。幕末期の十五代直弼はことに有名で、強権を発動しつつ、その辣腕をふるって難局を乗り切ろうとするが、万延元年（一八六〇）三月三日、桜田門外で水戸浪士らに暗殺されてしまう。このことで、彦根藩取り潰しの危機も生じたが、直弼二男直憲が無事藩主を継ぎ、次いで藩内の旧直弼派への粛正を巡る騒動も起きたが難を逃れた。戊辰戦争では新政府軍側で戦い、明治を迎える。

スポット **徳川四天王**

井伊直政のほか、酒井忠次、本多忠一、榊原康政の四人を指す。直政以外は三河以来の松平の忠臣である。かつて今川勢に組み込まれていた直政が、なぜ「四天王」の一人として遇されたのかは本文に詳しい。直政以外の三人の概略は以下の通り。

［酒井忠次］四天王の中ではもっとも年長者で四天王筆頭とされることもある。家康の駿府での人質時代から側にあり、共に辛酸を嘗めた。家康独立後は主要戦場に臨んで奮戦。だが家康の厚い信頼とは裏腹に、家康長男信康が信長の疑心を買い、その母（築山殿）と共に自害を強いられた局面で弁護をせず、家康の恨みを買ったともいう。

［本多忠勝］勇猛で聞え、生涯五十七度出陣して、その間一度も傷を負わなかったという伝説の将。三方ヶ原の戦いでは、名槍「蜻蛉切り」を引っさげて戦場を往来、敵の武田部将から「家康に過ぎたものが二つあり、唐の頭と本多平八」と褒めそやされたという。小田原の陣後に大多喜に十万石、関ヶ原戦後は桑名十万石に転じた。

［榊原康政］三河大樹寺で人質時代の徳川家康と出会い、以後臣従。家康独立後は東三河一向一揆鎮圧をはじめ、家康の主要決戦のほとんどに従軍して、数々の戦功をあげた。武闘派中の武闘派で知られ、小田原の陣後に上野館林十万石に封じられた。関ヶ原の戦いでは中山道を行く秀忠軍に従ったが本戦には遅参。戦後、身命に代えて秀忠をかばったという話もある。

史跡探訪　長久手の戦い古戦場跡

賤ヶ岳の戦い、岐阜城の戦いの後、秀吉軍と家康・織田信雄連合軍が対峙した小牧の戦いは膠着状態に陥り、これを打開しようと秀吉は三河方面へ軍勢を派遣、天正十二年（一五八四）四月、戦闘を再開したのが長久手の戦いである。

戦場となった一帯は現在、国指定の史跡「古戦場公園」として整備され、周辺には家康の布陣した御旗山、軍議を開いた色金山（色金山歴史公園）、勝入塚、武蔵塚、首塚など複数の国指定の史跡が点在している。

【道しるべ】▼愛知県長久手市武蔵塚　▼リニモ「長久手古戦場」下車徒歩約二分

史跡探訪　関ヶ原古戦場跡

「関ヶ原駅」の北東約一・三キロの地点に「関ヶ原合戦決戦地」があり、ここから南西約五〇〇メートルのところに「関ヶ原合戦開戦地」がある。どちらにも大きな石碑が立ち、幟があがっている。周囲は田畑・宅地・工場などが入り交じる平坦地で、東軍の桃配山、西軍の布陣した笹尾山などの微高地、東西各武将の陣跡が点在する。

井伊直政はこの戦場の中央付近に布陣、先駆けとなったが、同時にこの戦いで島津軍の銃撃を受けてしまう。翌年の急死はその銃創がもとともいう。

【道しるべ】▼岐阜県不破郡関ヶ原町大字関ヶ原　▼JR関ヶ原駅から徒歩約二十分

史跡探訪　箕輪城／高崎城

［箕輪城］　井伊直政が小田原の陣後の天正十八年（一五九〇）、徳川家康から十二万石を授かって入ったのがこの箕輪城で、戦国初期に長野氏によって築かれ、その後、武田、北条、徳川が争奪をくり返した。榛名山の東南麓に位置し、東西約五〇〇メートル、南北約一・一キロメートルの広大な城域に、土塁、空堀、石垣などの遺構が残る。これらの遺構は直政在城時代に造営されたものとされている。慶長三年（一五九八）直政は、ここから東南方向約一〇キロの地点に前年から造営を進めていた城（高崎城）に移り、箕輪城は廃城となった。日本一〇〇名城のひとつにも選ばれている。

【道しるべ】▼群馬県高崎市箕郷町西明屋ほか　▼JR高崎駅から群馬バス「箕郷本町」下車徒歩約二十分

［高崎城］　平安時代末期に築城され、その後廃城となっていた和田城の跡に慶長二年、井伊直政が近世城郭として造営を開始。翌年城に入り、同五年近江佐和山城に移るまでの約二年をこの城で過ごす。同時に、関東と甲信越を結ぶ交通の要衝であるこの地の地名を高崎と改めた。現在の城跡は市街地に囲まれ、かつての城域もはっきりその輪郭をとどめているわけではないが、三の丸の外堀と土塁が残り、明治以後払い下げられた乾櫓、東門などが移築復元されている。

【道しるべ】▼群馬県高崎市高松町　▼JR高崎駅西口から徒歩約十分

井伊家の聖地・井伊谷
直虎の里マップ
（写真／浜松市教育委員会提供）
龍潭寺
井伊共保公出生の井戸

三岳城跡
井伊谷城跡
井伊氏居館跡
天白磐座遺跡
渭伊神社
井伊谷宮

井伊家の居城
近江・彦根城マップ

琵琶湖に面したデルタ地形を巧みに取り込んだ井伊家歴代の居城・彦根城。現存する天守は国宝に指定され、今日でも近江一の名城と親しまれている。

（写真撮影／中田真澄）

259 井伊家の居城　近江・彦根城マップ

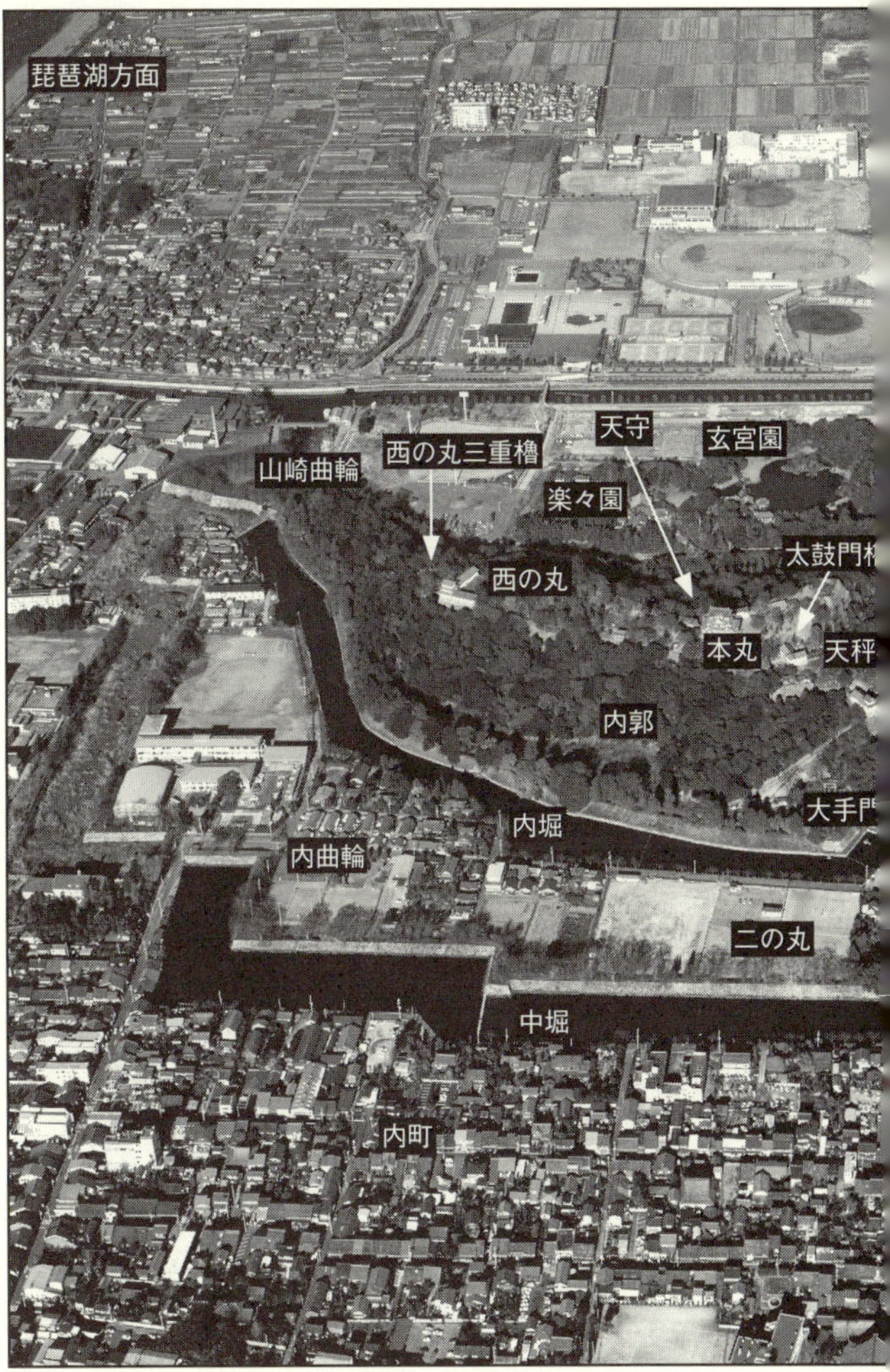

井伊家の居城
近江・彦根城の歴史

天秤櫓と天守

二の丸西の丸三重櫓

彦根城築城

慶長五（一六〇〇）年、関ヶ原合戦で勝利した徳川家康は、めざましい活躍をした井伊直政に、石田三成の旧領佐和山十八万石を与えた。そして入封した直政は、佐和山城を廃して新城・彦根城の築城に着手するが、残念ながら就封わずか一年で直政は病死する。

そして直政亡き後の慶長八年、工事は十二大名が動員された「天下普請」で行われ、二代直勝のときに天守が完成、元和八（一六一五）年頃には彦根城はほぼ完成した。徳川家康の四天王の一人、直政の遺志をついだ彦根城は、その後、近江一の名城となり井伊家歴代の居城として、風雲の幕末には井伊直弼を生み、明治維新まで続いた。

彦根城の現存する建物群

彦根城は、標高一三六メートルの彦根山を城郭部（内

天守（国宝）

太鼓門と続櫓

郭）とし、山麓に彦根藩の政務をとり行う政庁と藩主の居住を兼ねた御殿が置かれた。現在はこの地に木造で忠実に復元された表御殿の奥向と、外観のみ復元して内部を彦根城博物館に利用している。

彦根山の山上には本丸を中心に、南に鐘の丸、北には西の丸を一直線に配置されている。それら曲輪は堀切で遮断され、周囲を堅固な石垣によって型取られている。なかでも太鼓丸入口を守る堀切上の廊下橋と天秤櫓や西の丸三重櫓は壮観である。また本丸に入る最後の関門、本丸入口を固める太鼓門及び続櫓は、いずれも国の重要文化財に指定されている。

本丸の天守（国宝）は現存する十二天守の一つで、慶長十一年に完成した。石垣上に三階三重の天守と続櫓と多門櫓が連なり、地階の玄関口から天守に入る。

また、中堀に囲まれた外郭には、二の丸佐和口多門櫓や馬屋が現存し、藩主が好んだ名庭園・玄宮園が往時の姿を伝えている。

●井伊直虎と井伊家の歴史関係略年表

和暦	西暦	事項
寛弘七年	一〇一〇	井伊氏祖・備中守共保、御手洗井戸より出生。
寛治七年	一〇九三	共保没、自浄院に葬る。
保元元年	一一五六	保元の乱。源義朝に従う遠江の武士に井の八郎あり。井伊氏、赤江（奥山）、貫名（袋井）の三家に分かれる。
建久三年	一一九二	源頼朝、征夷大将軍となる（鎌倉幕府成立）。
寛元三年	一二四五	鎌倉鶴岡八幡宮の弓初めの儀式で、弓手三番に井伊介あり。
弘安五年	一二八二	貫名政直の曾孫・日蓮上人没。

建武元年	一三三四	後醍醐天皇による建武新政始まる。
延元二年	一三三七	三岳城構築。南朝方井伊氏、北朝方今川範国軍と三方ヶ原で戦う。
延元三年	一三三八	9月、後醍醐天皇、宗良親王に北畠親房を同行させ、陸奥に向かうが白羽に漂着、三岳城へ入る。
延元四年	一三三九	8月、後醍醐天皇没。今川軍、遠江の南朝方の諸城を攻撃。宗良親王、遠江から信州へ逃走する。
元中二年	一三八五	宗良親王没。
元中九年	一三九二	10月、三代足利将軍義満の調停により南北両朝の和談が成立する（南北朝の合一）。
明応三年	一四九四	今川氏親が北条早雲の強力のもと、遠江に侵攻する。この後、三河・遠江で戦が続く。
永正十一年	一五一四	井伊直平の居城・三岳城、今川氏親によって落城する。直平の娘、人質として駿府に送られる。
永正十六年	一五一九	北条早雲没。

和暦	西暦	事項
大永六年	一五二六	今川氏親没。今川義元が跡を継ぐ。
天文元年	一五三二	井伊直平、龍泰寺を建立。
天文五年	一五三六	この頃、井伊次郎直虎、井伊谷で誕生か。
天文十一年	一五四二	1月、直虎の祖父・直宗、三河田原城攻めで戦死する。
天文十三年	一五四四	12月、小野道高の讒言で、今川義元が井伊直義と直満を誅殺。直満の子亀之丞（後の直親）、信州伊那谷の松源寺に匿われる。
天文二十三年	一五五四	この頃、直虎、龍潭寺の南渓和尚のもとで出家、次郎法師となる。
弘治元年	一五五五	この年、幼名竹千代が元服して松平元信となる（後の徳川家康）。井伊直満の子亀之丞（後の直親）、井伊谷に戻る。井伊直盛、亀之丞を養子とし、「直親」と改名する。直親、奥山朝利の娘を娶る。
弘治三年	一五五七	1・15、松平元康（元信から元康に改名）、今川の重臣関口義弘の娘・築山殿と婚姻。

永禄三年	一五六〇	5・10、今川義元、西上軍を率いて駿府を発する。5・18、松平元康、大高城に兵糧を入れる。5・19、桶狭間で義元が織田信長軍に討たれる。**井伊直盛も敗死。**5・23、松平元康、岡崎城に入る。
永禄四年	一五六一	**この年、直親夫婦に虎松（後の井伊直政）が生まれる。**松平元康、西三河をほぼ制圧する。
永禄五年	一五六二	1月、清州城で織田信長と松平元康の同盟が成立。**12月、井伊直親、掛川で朝比奈泰朝に誅殺される。**
永禄六年	一五六三	7月、松平元康が改名「家康」を名乗る。**9・18、井伊直平没。**9月、三河で一向一揆が勃発、松平家康が苦境にたたされる。
永禄七年	一五六四	2月、松平家康、三河一向一揆を平定する。6・20、家康、酒井忠次に命じて吉田城を攻める。**九月、浜松の東天間橋の戦いで井伊家家老・中野信濃守が討ち死。**
永禄八年	一五六五	この年、松平家康、三河三奉行を設置する（本多重次・高力高長・天野康景）。**次郎法師（後の井伊直虎）、還俗して「直虎」となり井伊氏を相続、地頭となる。**
永禄九年	一五六六	**井伊直虎、直平の菩提を弔うために川名の福満寺に鐘を寄進する。**12・29、松平家康、勅許を得て「松平」姓を「徳川」にかえる。

和暦	西暦	事項
永禄十年	一五六七	この年、徳川家康の長男・信康と織田信長の娘・徳姫の婚儀が行われる。
永禄十一年	一五六八	9月、織田信長、足利義昭を奉じて京へ入る。11月、井伊直虎と今川家臣関口氏経と連名で井伊谷徳政令を発布する。義昭、征夷大将軍となる。**12・12、徳川家康、井伊谷三人衆（菅沼忠久・近藤康用・鈴木重時）に本領安堵と加増の誓書を与え、それを道案内として遠江に入り、井伊谷・刑部等の城を落とす。**12・13、武田信玄の軍勢が今川氏真の本拠地・駿府に乱入する。氏真、掛川城に逃げる。12・27、徳川家康、今川氏真のいる掛川城を攻撃。
永禄十二年	一五六九	5月、今川氏真、家康に降伏。今川氏滅ぶ。
元亀元年	一五七〇	6・28、織田信長・徳川家康連合軍と浅井長政・朝倉義景連合軍、小谷城近郊で戦う（姉川の戦い）。
元亀二年	一五七一	3月、武田信玄、大軍を率いて伊那口から三河に侵入。4月、信玄、野田城を落とし、吉田城に迫るが兵を引く。
元亀三年	一五七二	**10月、武田信玄軍の山県昌景、三河から遠江に入り、井伊谷も戦火に紛れる。**12・22、武田信玄と徳川家康、浜松城近郊で戦う（三

		方ヶ原の戦い）。
天正元年	一五七三	4・12、信玄死去。8月、織田信長、朝倉義景・浅井長政を滅ぼす。
天正三年	一五七五	5・21、武田勝頼が織田信長・徳川家康連合軍と三河長篠で戦い、大敗する（長篠の戦い）。**この年、虎松（後の井伊直政）、徳川家康と対面する。虎松、井伊万千代と名のる。**
天正四年	一五七六	2月、信長、安土城築城する。
天正六年	一五七八	3月、上杉謙信没。**6月、万千代、武功をもって一万三〇〇〇石拝領の武将となる。**
天正七年	一五七九	7月、織田信長の命で、徳川家康が8・29に築山殿を殺害、8・29に長男信康を切腹させる。
天正十年	一五八二	2月、織田軍が甲斐攻略を開始。家康は駿河から甲斐へ進軍する。3月、武田勝頼、自刃（武田氏滅亡）。6・2、織田信長、京都本能寺で自刃（本能寺の変）。6・13、羽柴秀吉、明智光秀を山崎で破る（山崎の戦い）。**8月、井伊直虎没。11月、万千代、元服して井伊直政となる。その後、家康より赤備えの武具を使用することを命じられる。**
天正十一年	一五八三	4・21、秀吉、柴田勝家を賤ヶ岳で破り、ついで北ノ庄にて滅ぼす。

和暦	西暦	事項
天正十二年	一五八四	4月、小牧・長久手で羽柴秀吉と徳川家康が戦う。12月、徳川家康が第二子・於義丸を養子として秀吉に送る。
天正十三年	一五八五	**この年、直政、前年の小牧・長久手の戦いの戦功により六万石となり井伊家の旧領も戻る。**7月、秀吉、四国平定。閏8・2、徳川勢、真田昌幸の上田城に押し寄せるが撃退される。11月、徳川勢、信濃から兵を引き揚げる。
天正十四年	一五八六	3月、秀吉、京都に聚楽第造営を開始。5・21、浜松城で秀吉の妹・朝日姫と徳川家康の婚儀が行われる。10・23、大坂城で秀吉に謁見する。
天正十五年	一五八七	4・21、島津義久、秀吉に降伏し九州平定なる。
天正十七年	一五八九	7月、秀吉、北条氏直の上京を促すため、上野沼田の真田領のうち沼田城を含む三分の二の領地を与えることを約束する。11月、秀吉、北条氏追討を決意し、宣戦布告。
天正十八年	一五九〇	7・5、北条氏直降伏し小田原城開城。**井伊直政、徳川家康の関東入封とともに箕輪十二万石を与えられる。**
天正十九年	一五九一	**井伊直政、奥州九戸城攻めで活躍する。**

文禄元年	一五九二	豊臣秀吉が朝鮮出兵を命ずる。徳川家康、肥前名護屋に在陣。**井伊直政、江戸留守居役をつとめる。**
慶長三年	一五九八	1・10、上杉景勝、越後より会津に転封。8・18、豊臣秀吉没。**井伊直政、箕輪から高崎に移り、新城下を建設する。**
慶長五年	一六〇〇	6・16、徳川家康、上杉景勝を討つため関東へ下る。7・2、家康、江戸に帰着。7・25、家康、下野小山で評定を開き、諸将に反転西上を命じる。**井伊直政、家康率いる徳川軍の先手大将を命じられる。**8・24、宇都宮にとどまっていた徳川秀忠、軍勢を率いて西上の途につく。9・2、秀忠、信濃小諸城に入る。5日、秀忠、上田真田の支城戸石城を奪い、信幸に守備させる。6日、秀忠、上田城を攻めるが敗退。8日、秀忠、森忠政・仙石秀久らを上田城に残し西上する。9・15、関ヶ原の合戦で東軍が大勝する。
慶長六年	一六〇一	3・23、家康、大坂城より伏見城に移る。**井伊直政、石田三成の旧領および上野国に十八万石を与えられ佐和山に就封する。**
慶長七年	一六〇二	**2・1、井伊直政没。**
慶長八年	一六〇三	2・12、家康、征夷大将軍に補せられる。**この年、井伊氏の彦根城の築城が開始される。**

地方から天下を睨んだ女城主

童門冬二

私は今ＮＨＫの週刊誌「ステラ」に、毎週大河ドラマがらみのコラムを書いている。一九九三年からだからもう二十三年になる。連載回数にして千百回をこえた。始めのうちは放映されるドラマに対し、考証的態度を捨てきれず、ドラマにないヒケラカシの紹介が全くないとはいえなかった。が、年を古《と》るに従って、ドラマの〝ｉｆ（歴史におけるもし）〟に関心を寄せるようになった。いちがいにナンセンスと捨象するには惜しいと思う〝ｉｆ〟にしばしば出会うからだ。とくに人物にからむ地方史には、資料の収集や現地に行って確めたこともある。

しかし二〇一七年の〝直虎〟には驚いた。正直にいって私はこの人を知らない。ところが静岡県ではかなり前から丹念な研究論文が出版されていたのだ。

Ａ『湖の雄井伊氏』静岡県文化財団ふじのくに芸術回廊、Ｂ『遠江武将物語』神谷昌志・明文出版社、Ｃ『駿河の戦国時代』黒澤修・明文出版社の三書はＡが二〇一四年、ＢとＣが一九八六年の発行で、まだ〝直虎のドラマ化〟以前のことだ。私は改めて〝グローカリズム〟という言葉を思い浮かべる。

グローカリズムというのは、「地方から日本全体のこと、国際社会のことを考える」ということだ。逆にいえば、「日本のこと（課題）国際社会のことを念頭におきながら、住んでいる地域のことを考える、ということである。古い言葉に、「ヨシの髄から天井のぞく」というのがある。葦の細い茎の中から広い天井を眺める、という意味で、狭量や独断への批判としてうけとめられてきた。しかし私は今回直虎を書いて、この古い言葉をリニューアルしてうけとめ直した。一言でいえば、

「地方史から日本の全体史を見直す」ということである。作品に即していえば、「直虎の目で天下人とその行動をみつめる」ということだ。

その意味では掲げたＡＢＣの三書は、私にとって、単に直虎を書くための参考書というだけでなく、〝歴史への対《むか》い方〟をも教示して下さった、貴重なテキストである。心からお礼を申しあげる次第だ。とくに黒澤先生には、かつて駿府城内で家康について、懇篤な助言をいただいたことに改めて感謝申しあげる。併せて制作過程での宮原正美氏（成美堂出版）、花田雅春氏（リゲル社）、服部崇氏のご協力に感謝する。

成美文庫

井伊直虎 聖水の守護者

著 者 童門冬二《どうもんふゆじ》

発行者 深見公子

発行所 成美堂出版

〒162-8445 東京都新宿区新小川町1-7

電話(03)5206-8151 FAX(03)5206-8159

印 刷 大盛印刷株式会社

ISBN978-4-415-40253-6

落丁·乱丁などの不良本はお取り替えします

定価はカバーに表示してあります